NUEVO VOCABURRARIO DE LA IRREAL ACADEMIA

Francisco J. Fernández Ruiz

ISBN papel: 978-84-686-1564-6
ISBN ebook: 978-84-686-1565-3
Impreso en España/Printed in Spain
Editado por Bubok Publishing S.L.

Autor: Francisco Fernández Ruiz
E-mail: vocaburrario@gmail.com

Portada e imágenes interiores de F. Fernández Ruiz
a partir de Cliparts cedidos por Vladimir Zúñiga:
http://focaclipart.net23.net

Con todo mi cariño

A una Rosa, mi mujer,
y a dos flores, mis dos hijas.

NOTA DEL AUTOR

Querido lector, en primer lugar quiero darle las gracias por estar leyendo esta página que, por lo general, mucha gente se salta para ir directamente al contenido del libro. Le contaré que la primera edición de mi 'Vocaburrario' se hizo en Bruselas hace ya unos cuantos años y que la edición que tiene ahora en sus manos es por lo tanto una nueva versión corregida, aumentada e inédita hasta ahora en España.

Como ya indico en la contraportada, aquí encontrará vocablos españoles con definiciones absurdas y vocablos absurdos -los que están subrayados-, con definiciones en español. Pues bien, tanto en un caso como en otro, mi único objetivo es el de entretenerles, hacerles pensar en alguna ocasión e intentar arrancarles una sonrisa. Si de vez en cuando lo consigo, me daré por satisfecho.

Dicho esto, quiero advertirle que la lectura de este libro ha de hacerse, como con la miel, a pequeñas dosis para que sepa mejor. Por eso, les recomiendo que lo tengan en la mesita de noche y que lean algunas definiciones antes de dormirse ya que resulta bastante divertido, sobre todo si se imaginan por un momento lo que se define en cada uno de sus vocablos.

Otra recomendación que hago, para aquellos que no les gusta leer por la noche, es que lo lean poco a poco cuando vayan al retrete ya que puede ser un buen laxante, ustedes ya me entienden.

La ventaja de este 'Vocaburrario' es que se puede leer 'datrás palante' o 'dalante patrás' sin perder el hilo de lo que están leyendo y les puedo asegurar que no todos los libros tienen esta ventaja.

'For your information', les diré que no hace mucho tiempo descubrí que algunos estudiosos de la lexicografía española consideran este tipo de libros o diccionarios de humor, como *diccionarios acientíficos*, por aquello de que el autor manipula las definiciones persiguiendo lo absurdo y lo cómico, o porque inventa palabras nuevas acomodando a su antojo su significado. Pues bien, esto es justamente lo que yo he hecho para ustedes, manipular definiciones e inventar algunas palabras nuevas con el fin de divertirles un rato.

Por último, acabaré recordando una frase del genial Groucho Marx, que decía más o menos así: *"Desde el momento en que cogí su libro me caí rodando de risa. Espero poder leerlo algún día"*.

Que se diviertan.

Paco Fernández

ABADEJO: Monje, delgado como un bacalao, que nunca se come las habas que preparan los cocineros del convento.

ABALANZARSE: Juego que consiste en tirarse habas o cortezas de habas en clase mientras el profesor está de espaldas escribiendo en la pizarra.

ABANICO: Puro habano que es más pequeño de lo normal.

ABARCAMIENTO: Lugar donde quedan amarrados los barcos en el puerto.

ABASTECEDOR: Proveedor exclusivo de habas.

ABEL: Palabra de origen chino que significa: *¿Me lo quieles enseñal?*

ABELJORRO: Insecto parecido a la abeja cuya existencia se remonta a los tiempos de Adán y Eva.

ABETO: En el lenguaje de los niños significa lo contrario de cerrado.

ABOBADO: Letrado con cara de bobo incapaz de ganar juicios. Los hay de varios tipos, a saber:

abobado del estado, abobado defensor, abobado laboralista, etc.

ABOMINABLES: Odiosos ejercicios de cintura o de abdomen que se realizan para rebajar barriga. Pruebe usted a hacer 50 abominables seguidos y comprobará lo que le digo.

ABRIGADA: Es a lo que ascienden los militares tras pasar varios años como sargento.

ABRIL: Parece lo contrario de "cerral" en chino, pero no lo es, ya que en chino se diría "ablil", con dos eles.

ABSURDO: Dícese del que escribe tonterías con la mano izquierda.

ABULIA: Mujer apática de avanzada edad, que es la madre de tu madre o de tu padre.

ACAPULCRO: Playa de México donde solamente pueden ir los turistas que sean muy limpios y escrupulosos.

ACCIÓN CATÓLICA: Acciones del Vaticano que cotizan en Bolsa.

ACECINATO: Crimen que se comete golpeando a la víctima con un trozo de cecina secada al sol.

ACEITUNEURO: Dícese del agricultor que espera con impaciencia las ayudas previstas por Bruselas para el sector olivarero español.

ACÓLITO: Monaguillo, que de tanto beber vino de misa, acabó borracho perdido y fundó la Asociación de Acólitos Anónimos.

ACOPIAR: Proveerse de todo tipo de chuletas para hacer frente a los exámenes finales del colegio o de la universidad.

ACOTAR: En el lenguaje de los niños de entre dos y tres años significa, irse a dormir.

ACRIMILLAR: Matar o asesinar a alguien de mil disparos o de mil puñaladas.

ACUPINTOR: Que practica la acupintura.

ACUPINTURA: Técnica oriental que consiste en clavarle al enfermo pinceles por todo el cuerpo hasta que cambie de color.

ADEMÁN: Movimiento o gesto realizado por una persona nacida en Ademania.

ADULTO: Persona hecha y derecha, pero floja de piernas, que está dispuesta a cometer adulterio en cualquier momento.

AEROBIC: Tipo de gimnasia que consiste en lanzar cien bolígrafos por los aires y recogerlos antes de que toquen el suelo.

AEROTUERTO: Lugar donde los billetes de avión comprados en el último minuto pueden llegar a costarte un ojo de la cara.

AFRICANO: Individuo de raza negra y de pelo completamente blanco.

AGENTE: El más famoso de todos ellos es el agente 007, James Bond. De haber sido rubio, su nombre habría sido, James Blond.

AGUACATE: Bofetada recibida o pegada dentro del agua.

<u>**AHORROPLANO**</u>: Avión de pasajeros con tarifas de precios muy competitivas.

AIRBAG: Parte del estribillo de una zarzuela que todos hemos tarareado alguna vez y que dice así: *¡Airbag!... ¡Airbag!... ¡Airbagbilonio que mareaa!... ¡Airbag!... ¡Airbag!...* ¿La recuerdan?

AJO: Primera palabra que aprenden a pronunciar todos los niños españoles. De ahí las expresiones como: *¡Ajo...derse!... ¡Ajo...robarse!...*, etc.

AJUAR: Voz utilizada por muchas madres para quitarse los niños de encima: *¡Vete ajuar un rato y déjame en paz!*

ALACENA: Palabra que se suele escuchar en algunas casas por la noche: *¡Alacena y calla que estoy viendo la tele!* o *¡Alacena y vete a dormir de una puñetera vez!*

ALAMEDA: Manera que tienen los niños pequeños de mandar a los mayores a freír espárragos: *¡Vete alameda!* o *¡Váyase usted alameda!,* si el niño es muy educado.

ALCANCÍA: Hucha repleta de dinero que muchos niños y otros no tan niños desearían tener a su alcance.

ALCOLNOQUE: Árbol del que se obtiene la única bebida alcohólica que existe en el mercado con sabor a corcho.

ALEMAÑA: País de Europa central donde residen muchos españoles de la provincia de Zaragoza.

ALERÓN: Lugar de donde emana el tufillo a sudor de los seguidores del Athletic, cuando cantan eso de: *¡Alerón! ¡Alerón! ¡El Athletic campeóoonnn!*

ALICANCHINO: Gentilicio con el que se conoce al chino nacido y afincado en la provincia de Alicante.

ALIMAÑA: Animal salvaje domesticado por un moro y una aragonesa.

ALMARRANA: Hemorroide de un batracio.

ALMOHADE: Especie de cojín que se utiliza principalmente en el norte de África.

ALOJO: Parte de la cara en la que se suelen meter los mosquitos cuando paseas por el campo en bicicleta.

ALTERNADOR: Electricista al que le encanta conocer gente, ir de bar en bar, salir de copeo y acabar la noche en algún lugar de alterne.

ALTONISMO: Defecto de visión que consiste en confundir siempre las cosas altas con las bajas y viceversa.

ALUCENACIONES: Extraño fenómeno que se produce después de cenar, cuando estamos haciendo algún régimen, y consiste en ver pollos asados, jamones y pasteles por toda la casa.

AMARNECER: Dícese de la costumbre que tienen algunas personas de hacer el amor a primeras horas de la mañana.

AMBULENTORIO: Centro médico dependiente de la Seguridad Social, donde por regla general se tarda mucho tiempo en atender a los pacientes.

AMERICONADO: Afeminado que ha regresado locamente enamorado de un viaje realizado a los Estados Unidos.

AMÍGDALAS: Filósofo griego que pasó a la historia por sus constantes dolores de anginas.

AMNESIA: Perdida de no sé qué.

AMORATAR: Método anticonceptivo muy eficaz que consiste en atar de pies y manos a tu pareja hasta que le pasen las ganas de hacer el amor.

AMPOLLA: Recipiente de vidrio, de forma fálica, que se utiliza en los bancos de esperma para recoger las muestras de los donantes.

ANALGÉSICO: Medicamento contra el dolor que tiene grandes y rápidos efectos cuando es suministrado por vía anal.

ANASTASIA: Nombre de la descubridora del cloroformo utilizado como anestésico en los hospitales.

ANATOMÍA: Conocimiento de todas y cada una de las partes del cuerpo que un estudiante de medicina afirma tener de su novia Ana.

ANDANADA: Accidente en el que alguien se rompe las piernas y le prohíben caminar durante un cierto tiempo.

ANDORRANA: Hemorroide que aparece en cuanto dejas la frontera española y atraviesas los Pirineos.

ANDURRIALES: Zona próxima a la ciudad de Andorra.

ANESTESIESTA: Médico responsable de que el enfermo dé una buena cabezadita en el quirófano mientras le están operando.

ANGOSTO: Octavo mes del calendario en el que la gente que pasa estrecheces no puede irse de vacaciones a la playa.

ANIMAL: Dal ánimos.

ANO: Orificio trasero del cuerpo humano que tiene 365 pelos.

ANOFELES: Mosquito hembra que suele picar a sus víctimas en la parte central del culo.

ANONADAR: Castigo o prohibición de no bañarse en la playa que imponen los padres a sus hijos.

ANOVERSARIO: Fecha que te recuerda cada año el día que te operaste de hemorroides.

ANTENISTA: Jugador de tenis profesional que se dedica en sus ratos libres a instalar o reparar antenas de televisión.

ANTEOJO: Parte de la cara de algunos piratas, oculta por un parche negro.

ANTICUARIO: Persona que en lugar de envejecer se queda más bien antigua.

<u>**ANTIIDIÓTICO**</u>: Medicamento que debe tomarse durante ocho días consecutivos para protegerse de las idioteces de ciertas personas.

ANTÍPODA: Dícese del jardinero que se niega rotundamente a cortar las ramas de los árboles, rosales, o de cualquier otro tipo de arbusto.

<u>**ANTROPÓFALO**</u>: Caníbal que solo se alimenta de miembros viriles del hombre blanco.

ANTROPÓLOGO: Funcionario de justicia al que el juez le ha ordenado cerrar todos los antros del pueblo.

<u>**AÑOMALÍA**</u>: Irregularidad que dura 12 meses.

APAGAR: Resultado final de la declaración de la renta de muchos españoles.

APAÑO: Reparación garantizada por un período de doce meses.

APARTADO DE CORREOS: Dícese del cartero que ha sido despedido de su trabajo.

APELAR: Ir a cortarse el pelo en presencia del Sr. Juez.

APOCADO: Licenciado en derecho que es incapaz de defender a alguien en un juicio.

APÓSTATA: Persona que hace las cosas adrede, aposta.

APURO: Situación desagradable que se produce cuando tus padres te pillan fumando por primera vez.

ARADO: Agricultor en busca de empleo.

ARAMEO: Palabrotas que se dicen cuando uno se está orinando y no encuentra un retrete por ningún sitio.

ARAÑAZO: Arácnido de tamaño gigante.

ARBITRIO: Conjunto formado por tres impuestos municipales.

ARISCO: Persona que se enfada con facilidad cuando ve los precios de las gambas y cigalas en el supermercado.

ARMÓNICA: Instrumento de viento usado por el ex presidente de los Estados Unidos, Bill Clinton. Pasó a la historia por tocar muy bien la Armónica Lewinsky.

ARPONERO: Persona que ser dedica a tocar el arpa durante la caza de ballenas.

ARRECHUCHO: Malestar repentino producido por el mordisco de un perro en los mismísimos cataplines.

ARRESTAR: Consiste en castigar a los soldados a hacer operaciones de sustracción cuando están flojos en matemáticas.

<u>**ARROZDILLARSE**</u>: Ponerse de rodillas para pedir que salga buena la paella valenciana.

<u>**ARTES MURCIALES**</u>: Disciplina muy parecida al kung-fu, pero que se practica solamente en la provincia de Murcia.

<u>**ARZOBIZCO**</u>: Autoridad eclesiástica que padece estrabismo.

ASALTAR: Ponerse a brincar durante un atraco.

ASFALTADO: *"No has venido y te hemos echado de menos…"*.

ASIENTO CONTABLE: Sillón que pertenece al jefe de contabilidad de una empresa.

ASILO POLÍTICO: Residencia de ancianos donde solamente admiten a los viejos gobernantes del país y a sus recomendados.

ASPIRANTE: Persona con poca experiencia laboral que solicita su primer trabajo en una fábrica de aspiradores.

ASTADO: Término taurino que se utiliza en expresiones como: *"…el toro astado a punto de matar al torero…"*, *"…el picador astado muy mal esta tarde…"*, etc.

ATOLONDRADO: Persona que sufre los efectos de las pruebas nucleares realizadas por los franceses en el atolón de Mururoa.

ATONTADO: Acto terrorista en el que la bomba explota en las manos del que la está colocando.

ATRACADOR: Delincuente de origen valenciano que cuando asalta bancos suele decir: *¡Arriba las manos, esto es una traca...!*

ATRACÓN: Robo a mano armada perpetrado por delincuentes que se gastan todo el botín yendo de comilonas.

AUDITOR: Mecánico especializado en vehículos de la marca Audi.

AUSTRIALIANO: Natural de Australia pero que reside en Viena.

AUTODETERMINACIÓN: Reunión familiar en la que todos los miembros han de ponerse de acuerdo sobre el modelo de coche que se quieren comprar.

AUTOGOBIERNO: Flota de coches de lujo que están a disposición de los gobernantes del país.

AUTOPSIA: Delicada operación quirúrgica de la que se dice que no hay nadie que haya salido vivo de ella.

AUTORRETRATO: Fotografía realizada por el radar de la policía de tráfico.

AVE: Pájaro que vuela a gran velocidad y que, anidando en la estación de Atocha de Madrid, es capaz de ir a poner los huevos a Sevilla en dos horas y media.

AVERÍA: Es cuando un coche se estropea. Si el coche pertenece al señor cura, cuando lo lleve a reparar dirá: *¡...Avería purísima...!* y el mecánico tendrá que contestar: *"...sin pecado concebida...".*

AZAFETO: Señorita poco agraciada que atiende a los pasajeros de un avión de Líneas Aéreas.

BABARIDAD: Disparate cometido por un baboso.

BABERO: Prenda que se puso de moda en las peluquerías sevillanas y que se conoce en el mundo entero como: "El babero de Sevilla".

BACA: La baca o portaequipajes puede ser de dos tipos, la baca loca, que es la que se mueve mucho durante el viaje, pero no se cae y la baca lechera, que es la que cuando se cae provoca que varios coches se peguen una leche.

BACALLAO: Persona muy silenciosa que suele caminar en solitario y sin mediar palabra con nadie.

BAILEN: Conocida batalla en la que las tropas españolas estuvieron astutamente bailando flamenco con las de Napoleón hasta que consiguieron rendirlas por agotamiento.

BALADA: Canción melódica y muy sentimental que habla de corderos, ovejas, cabras, etc.

BALSERO: Fugitivo de la isla de Cuba que, harto de tanta salsa, arriesgó su vida para llegar a Miami con el único objetivo de aprender a bailar el vals.

BANCO DE SARDINAS: Entidad bancaria, muy pequeña y estrecha, en la que los empleados trabajan muy apretados entre sí.

BANG BANGKOK: Ciudad tailandesa donde se registra el mayor número de tiroteos del mundo entre policías y malhechores.

BANQUETE: Establecimiento bancario especializado en conceder préstamos para pagar las facturas de los convites de bodas, comuniones y bautizos que se celebran hoy en día.

BAÑO: Limpieza corporal que algunas personas gorrinas sólo realizan cada doce meses, o cada cuarenta y ocho, si el baño es bisiesto.

BARAJAS: Nombre de aeropuerto donde regalan a cada pasajero un juego de naipes para que se entretengan, cada vez que anuncian que su vuelo sufrirá un retraso importante.

BARBARIE: Gamberrada o salvajada que consiste en arrancarle a alguien, uno a uno, todos los pelos de la barba.

BARBERÍA: Bar de barrio donde los camareros tienen por costumbre cortar el pelo a sus clientes mientras se toman unas copas con los amigotes.

BARBILAMPIÑO: Persona adulta que, a pesar de sus años, todavía se lo pasa bomba jugando con la muñeca Barbie.

BARBITÚRICO: Somnífero que hay que inyectarle al barbilampiño de antes para que deje de jugar de una puñetera vez con la dichosa muñequita.

BARÓMETRO: Unidad de medida que sirve para calcular la distancia que existe desde nuestra casa hasta el bar más próximo.

BARRICA: Panza descomunal que suele aparecer después de haber bebido varios litros seguidos de cerveza de barril.

BASALTO: Unidad de medida utilizada por los niños en el colegio cuando dicen: *"Yo soy basalto que túuuu"* o *"Mi padre es basalto que el tuuuyo"*, etc.

BATACAZO: Caída aparatosa y ridícula producida al pisarse la bata de baño a la entrada o salida de la ducha.

BATURRICO: Maño perteneciente a una familia adinerada de Zaragoza.

BAUTIMO: Sacramento que no quita el pecado original.

BAYONETA: Ciudadano de la ciudad de Bayona que es simpatizante de la organización terrorista vasca.

BENCINA: Empleada de una gasolinera que vive cerca de tu casa. En función de donde viva puede ser conocida como, la bencina de arriba, la bencina de abajo o la bencina de enfrente...

BEODO: Individuo que se encuentra en la primera fase de la borrachera y que consiste en verlo todo doble.

BEREBERE: Norteafricano al que le han practicado un trasplante de córnea y que tiene esperanzas de recuperar algún día la vista perdida.

BICALVONATO: Dícese de la persona que desde que nació se ha quedado calvo por lo menos en un par de ocasiones.

BICÉFALO: Término que se utiliza para referirse a las personas que tienen un pene con dos cabezas.

BICENTENARIO: Celebración familiar que se realiza para festejar que Vicente acaba de cumplir doscientos años.

BICIGODOS: Individuos de aspecto obeso que llegaron a España pedaleando sin parar desde Alemania.

BINARIO: Sistema que consiste en tomarse las botellas de vino de dos en dos.

BISABUELO: Persona de avanzada edad cuya mayor obsesión es la de ir de compras con sus nietos y pagarlo todo con la tarjeta Visa.

BISIESTO: Dícese de la persona que tiene la buena costumbre de acostarse después de comer y de levantarse cuatro años más tarde.

BIZARRO: Conquistador español valiente e intrépido al que la historia le reconoce la conquista del Berú.

BIZCOÍNO: Natural de Vizcaya con visibles problemas de estrabismo.

BOBINA: Mujer simplona y algo tontita que se enrolla con facilidad.

BOCACIÓN: Pasión ciega que tienen algunos estudiantes por llegar a ser dentistas.

BOCADRILLO: Bocadillo hecho con pan duro.

BOCAJARRO: Acto violento que consiste en dejar fuera de combate a un adversario propinándole un certero jarronazo en los dientes.

BOCANADA: Periodo de tiempo que transcurre desde que un mellado se quita la dentadura postiza hasta que se la vuelve a poner.

BOCINA: Señora que vive cerca de tu casa y que grita cuando la tocas.

BODACHERA: Cogorza que algunas personas cogen el día que se casan.

BODACHO: Individuo que solamente se emborracha cuando lo invitan a una boda.

BOEING: Sonido metálico producido cuando algún pasajero se golpea la cabeza al entrar o salir de un avión.

BOLERA: Dícese de cualquier lugar donde la gente se baña o se pone a tomar el sol en bolas.

BOLERO: Canción melódica española interpretada por una persona muy mentirosa y cuya letra es de un contenido difícilmente creíble.

BOLICÍA: Guardia urbano que se pasa el día multando. Se le identifica rápidamente porque suele llevar en la mano el bloc de multas y el boli.

BOLONIA: Perfume de origen italiano.

BOMBONERÍA: Pastelería en la que el dueño, además de vender pasteles, tiene la manía de retener a sus clientes en la tienda hasta que aprendan a tocar el bombo.

BORBONES: Dulces preferidos de la Familia Real española.

BORRICO: Asno a cuyo propietario le tocó el primer premio de la lotería nacional de Navidad.

BOTELLAZO: Sorpresa que recibe un ciudadano español al encontrarse de sopetón por la calle con la mujer del ex presidente del Gobierno, D. José María Aznar.

BOTIJO: Hijo varón del que su padre presume porque nació dotado de un buen pitorrete.

BOTÍN: Producto de un atraco cometido en una zapatería y que ha sido posteriormente ingresado en el Banco de Santander.

BOY: En inglés, primera persona del presente de indicativo de verbo ir: Yo Boy, tú bas, el ba... etc.

BREBAJE: Bebida hecha a base de higos y brevas.

BRONCA: Palabra que repetida varias veces seguidas suena completamente al revés y acaba convirtiéndose en un insulto bastante gordo. Prueben y verán.

BRONQUITIS: Enfermedad laboral que suele manifestarse momentos después de que el jefe te eche la bronca por pillarte durmiendo a pierna suelta en el despacho.

BRUCELOSIS: Enfermedad típicamente belga que produce tristeza, cabreo y mala leche, debido al mal tiempo que tienen los que viven en 'Brucelas'.

BUCEAR: Técnica de alto riesgo que consiste en que dos personas se comuniquen a voces en el fondo del mar.

BULBO: Tubérculo de ocho patas con ventosas que se cría en las profundidades marinas y que se utiliza para preparar el sabroso bulbo a la gallega.

BULEBAR: Calle ancha y arbolada plagada de bares y cafeterías.

BULLABESA: Sopa de pescado que se sirve en restaurantes bulliciosos en los que sus clientes forman mucha algarabía a la hora de comer.

BURRACHERA: Estado de embriaguez en el que la persona afectada se suele poner muy burra muy burra.

BURRICULUM VITAE: Historial profesional de una persona que no ha dado golpe en su vida y que además no sirve para nada.

BUSTO: Se utiliza sobre todo en fórmulas de cortesía entre un hombre y una mujer muy pechugona. Por ejemplo: Ella dice: *"Me llamo Marta"*, él responde: *"...mucho busto..."*, y ella contesta: *"...el busto es mío...".*

# C

CABAL: Velbo chino que silnifica hacel agujelos en la tiela con algún tipo de helamienta pala plantal o entelal algo.

CABARET: Club de alterne donde, señoritas ligeritas de ropa, se empeñan en hacer consumir a sus clientes el mayor número posible de botellas de 'CABA'.

CABECILLA: Líder de alguna organización política o militar que vivió muchos años en los Andes en compañía de una tribu de jíbaros.

CABELLUDO: Lucha parecida al judo, pero que consiste en derribar al contrincante tirándole del cabello.

CABEZA DE AJO: Se trata de la única cabeza conocida que tiene dientes sin tener boca.

CABEZURDO: Individuo que tiene la cabeza más gorda por el costado izquierdo que por el derecho.

CABLEAR: Enfadarse o enfurecerse al ver la factura que nos manda el electricista por haber venido a casa a conectar unos cables.

CACADRILO: Reptil de grandes dimensiones que se pasa el día defecando.

CACAJADA: Risa escandalosa que se produce al ver a un transeúnte pisar un excremento en plena vía pública.

CACARRABIAS: Persona que se cabrea con facilidad cuando no encuentra rápidamente un retrete.

CACATÚA: Especie de loro que después de cagarse por toda la casa, culpa de ello a su dueño, repitiendo sin cesar: *"...caca túa..., caca túa..., caca no mía...".*

CACEROLA: Vasija metálica cuyo inventor fue un español nacido en la provincia de Cáceres.

CACHARRERA: Vendedora de objetos muy variados que tiene mucho éxito por el par de cachas que tiene.

CACHIPORRAZO: Tropezón o traspiés que ha estado a punto de producirte una aparatosa caída en plena calle.

CACHIVACHE: Socavón como el que encontramos a menudo en la vía pública, pero algo más pequeño.

CACOFONÍA: Pérdida repentina de voz que sufren los empleados de banca cada vez que ven entrar a unos cacos dispuestos a cometer un atraco.

CACOMODADOR: Empleado de una sala de cine o de teatro que pretende cobrar diez euros a cada espectador por acompañarle hasta su asiento.

CAIMAN: Nombre que recibe el cocodrilo macho nacido en Inglaterra; el cocodrilo hembra se llama 'caiwoman'.

CALAMBRE: Hilo de metal que, conectado a una corriente de 2.500 voltios, puede producir un ligero temblorcillo si se toca con las manos mojadas.

CÁLCULO RENAL: Control que se efectúa en los países nórdicos y que consiste en contar cada día la cantidad exacta de renos que existen en Laponia.

CALLISTA: Pedicuro que instala su consulta en plena calle para atender a los transeúntes con problemas de uñeros u otras dolencias de pies.

CALVELLO: Nombre que recibe el pelo que cae de la cabeza de alguien que se está quedando calvo.

CALVINISMO: Fenómeno extraño que produce una caída repentina del cabello después de tomar una copa de vino.

CALZADOR: Persona amable y educada que ayuda a niños, ancianos y ciegos a cruzar la calzada.

CAMARILLA: Grupo de chinos que comparten cada noche la misma cama.

CAMBIO DE TERCIO: Consiste en pedir un botellín de cerveza diferente del que te acabas de tomar.

CAMELO: Camello al que por alguna razón le tuvieron que amputar una de sus dos jorobas.

CAMILLEROS: Enfermeros especializados en transportar camellos desde el desierto hasta el hospital más cercano.

CAMISERÍA: Sastrería especializada en confeccionar prendas de vestir para la policía ¿Quién no ha oído hablar alguna vez de las camiserías de policía?

CAMORRA: Cama de tamaño descomunal en la que cada noche se acuestan juntas varias familias de mafiosos italianos.

<u>CAMPECHINO</u>: Agricultor asiático.

<u>CAMPEGÓN</u>: Nombre que recibe el vencedor de un combate de boxeo.

CANANA: Canción de cuna que cantan los cazadores para dormir a sus hijos recién nacidos.

<u>CANAPIÉ</u>: Canapé o emparedado con sabor a queso.

CANBERRA: Persona de origen australiano que se pasa el día haciendo 'canberradas' y bromas de mal gusto.

CANIJO: Hijo de perra.

CANONIZAR: Santificar a una persona que tiene el pelo blanco.

CANSINO: Local donde la gente cae agotada de tanto jugarse los cuartos a la ruleta. El cansino más agotador de Europa es el de Montecarlo.

CAÑAVERAL: Base espacial americana cuyos científicos se pasan el día en el bar charlando y tomando cañas.

CAPA: Tercera persona del singular del presente de indicativo del verbo capar.

CAPRICHOSOS: Nombre que reciben los italianos nacidos en la isla de Capri.

CAPUTALISTA: Persona adinerada que invierte su dinero en abrir burdeles lujosos.

CARABINA: Escopeta cuyo desmesurado precio impide que esté al alcance de cualquier bolsillo.

CARACOLADA: Término utilizado para definir lo caro que resulta hoy en día lavar la ropa de toda la familia.

CARAMALO: Caramelo que no sabe a caramelo.

CARDENAL: Moradura producida al chocar accidentalmente con un miembro del Vaticano.

CARGABLE: Es tal y como se ha pronunciado siempre en mi pueblo el nombre y apellido del famoso galán de cine de los años cincuenta, Clark Gable.

CARICACURA: Retrato humorístico de un sacerdote.

CARIES: Signo del zodíaco preferido por los dentistas.

CARIÑO: Es lo que los gallegos dicen a sus esposas cuando salen de compras con ellas: *"…me parece un poco cariño…, busquemos algo más baratiño…"*.

CARISMA: Se dice de la fulana de alto standing que cobra unos honorarios abusivos por los servicios prestados. *"…Cara no ¡Carisma!…"*

CARTUJA: Carta escrita por los monjes o las monjas de un convento de clausura.

CASIMIRO: Casi veo.

CASPIO: Lago próximo a Rusia con cuyas aguas se fabrica el champú que combate las escamas blancas que se forman en el cuero cabelludo.

CASTO: Sinónimo de pureza. Mientras los españoles dicen de alguien que es casto y puro, los cubanos dicen de su comandante que es Castro y puro... habano, por supuesto.

CATACUMBA: Sonido producido por el batacazo de un cristiano dentro de una galería subterránea de la antigua Roma.

CATALEJOS: Anteojos para ver de lejos; los 'catacercas' son para ver de cerca y los cataplines son otra cosa.

CATAPULTA: Persona a la que le gusta catar las pultas. Por cierto ¿Qué es una pulta? Si alguien lo sabe que me lo diga, porque yo no tengo ni pulta idea.

<u>**CATEDRÁSTICO**</u>: Profesor de universidad del que se dice que es muy riguroso con sus alumnos.

CATERING: Palabra compuesta de cate y de ring que sirve para definir los golpes que recibe el árbitro de boxeo dentro del cuadrilátero.

CATETA: Capecho, camama, caseno, caúbre, cabusto.

CAVERNA: Bar donde se reunían los hombres prehistóricos a tomar unos vinos, antes o después de ir a la caza del mamut.

CAVERNÍCOLA: Borrachín de la edad de piedra que pasaba los fines de semana yendo de bar en bar y de caverna en caverna.

CEGATO: Animal de compañía de la familia de los felinos, que es bastante corto de vista.

CEJILLA: Parte superior del ojo cubierta de pelo que algunas personas utilizan para tocar la guitarra.

CEJUDO: Disciplina deportiva parecida a la lucha libre que consiste en vencer al contrario agarrándole por las cejas. El máximo nivel se alcanza al llegar a cinturón negro cejudo.

CELDA: Guala, cochina, malana.

CENICIENTA: Personaje de cuento infantil que fumaba cigarrientos a escondidas de sus padres.

CENTRO DOCENTE: Colegio excesivamente disciplinado donde está terminantemente prohibido que las alumnas vayan con minifalda o con camisas muy escotadas.

CENTURIÓN: Soldado romano especialista en artes marciales. El centurión podía ser, centurión blanco, amarillo, naranja, verde, marrón o centurión negro.

CENUTRIO: Cena organizada por una pandilla de estúpidos y zoquetes.

CEPA: Primera persona del presente de subjuntivo del verbo 'zaber'...: *Que yo cepa, que tu cepas...,* etc.

CEPORRO: Trampa o cepo de gran tamaño que se utiliza para atrapar personas que son duras de mollera.

CERDAMEN: Concurso o competición en el que el ganador se lleva un gorrino a casa.

CERDEÑA: Isla del Mediterráneo que se ha especializado durante años en la crianza y engorde de puercos.

<u>**CEREMONA**</u>: Casamiento entre dos simios.

CERVANTES: Escritor conocido como el Manco de Lepanto. Supongo que de haber sido cojo, su obra cumbre se habría titulado: Don Cojote de la Mancha.

CETÁCEO: Mamífero del género humano que no sabe pronunciar la S de Sevilla y que en su lugar pronuncia siempre la Z.

CHABOLA: Muchacha de entre quince y veinte años que vive en una casa miserable y destartalada a las afueras de una gran ciudad.

CHAPARRÓN: Persona de baja estatura que no soporta la lluvia por temor a encogerse si se moja demasiado.

CHATARRERO: Cirujano plástico especialista en arreglar las narices a las personas que son excesivamente chatas.

CHICAGO: Ciudad de grandes rascacielos cuyos habitantes no tienen jamás problemas de estreñimiento.

CHILLÓN: Butaca muy confortable que pertenece a una persona que grita sin cesar cuando encuentra a alguien sentado en él.

CHINGAPUR: Isla del sureste asiático conocida por la gran cantidad de prostíbulos que existen.

CHORIZO: Ladrón especializado en atracos a carnicerías, charcuterías o establecimientos de embutidos y fiambres.

CHUNGO: El higo chungo es una variedad de higo que tiene muy mal aspecto o es de mala calidad.

CHURRIGUERESCO: Estilo arquitectónico que consiste en hacer churros excesivamente adornados con chocolate.

CIÁTICA: Enfermedad que padecen los espías que trabajan para la Central Intelligence Agency, más conocida como la CIA.

CICLOPEDIA: Enciclopedia que ha de leerse con un solo ojo.

CIENTÍFICO: Titulado universitario que después de muchos años de carrera solo sabe contar hasta cien.

CIENTÍFRICO: Inventor de la pasta de dientes.

<u>CIENTINELA</u>: Soldado que lleva realizadas más de noventa y nueve guardias en un cuartel.

CÍNICO: El que te diga que cínico por cínico son veintiséis, es un cínico.

CISCO: Follón que se organiza a la entrada y salida de las Ciscotecas.

CISNE: Sala donde se exhiben películas o reportajes exclusivamente de aves palmípedas y de cuello largo.

<u>CIUDANANO</u>: Natural o vecino de cualquier ciudad que no mide más de cincuenta centímetros de estatura.

CLAUSTROFOBIA: Ojeriza que toman algunos los alumnos al claustro de profesores en pleno.

<u>CLÍNTORIS</u>: Órgano situado en los genitales de una ex becaria de la Casa Blanca llamada Mónica Lewinsky.

COBIJO: Nombre que recibe el hijo que, a sus treinta años, no tiene todavía la menor intención de abandonar la casa de sus padres.

COBRADOR: Domador o encantador de cobras que suele pedir un dineral por amaestrar una serpiente.

COBRARDE: Dícese de la persona que no se atreve a reclamar el dinero que le deben.

COCHINA: Lugar de la casa donde se guisa y que luego se queda hecha una marranada.

COCORRÓN: Golpe que se le da a alguien con un coco en la cabeza.

COLAKAO: Tipo de lucha que consiste en dejar KO a su adversario agarrándole por la cola.

COLESCIONISTA: Persona extravagante que busca y conserva con mucho esmero todo tipo de coles, coliflores, coles lombardas, coles de Bruselas, repollos, etc.

COLÍTICO: Político con diarrea.

COLON: Parte del intestino grueso que fue descubierto por un científico llamado Cristóbal, el 12 de octubre de 1492.

COMBATIENTES: Soldados o guerreros que, durante las treguas de las batallas, se entretienen saltando a la comba.

COMECON: Antigua Organización Internacional con sede en Moscú que se dedicaba a cotillear para saber con quién comían los políticos. Que si fulano come con mengano, que si éste come con aquél... etc.

COMENSAL: Persona con la presión arterial muy alta.

COMIDILLA: Almuercillo realizado entre un grupo de vecinas para criticar a la gente del barrio.

COMPEDICIÓN: Concurso de guarros que consiste en ver quién de todos se tira el mayor número de pedos.

COMPRESOR: Trabajador de una fábrica de compresas, con los papeles 'en regla'.

CONDESCENDIENTE: Dícese de la persona que tiene uno o más hijos.

CONDÓN: Lo utilizan frecuentemente las fulanas cuando hablan de sus clientes más distinguidos: *"...pues ayer me acosté condón fulano, después condón mengano y más tarde condón zutano..."*

CONFIANZA: Modalidad legal que permite a los presos ricos salir de la cárcel en libertad provisional.

CONFUSIONARIO: Especie de cabina donde se coloca el sacerdote para escuchar a los fieles que acuden con ideas religiosas muy confusas.

CONSEJO DE GUERRA: Consiste en advertir a todos los militares sobre la necesidad de usar el casco en las batallas.

CONSERVATORIO: Caja o envase utilizado por los músicos para guardar y conservar en buen estado sus instrumentos musicales.

CONSERVATORO: Establecimiento donde acuden las vacas para aprender a mugir correctamente.

CONSOLADOR: Vendedor de consolas de videojuegos.

CONTENDIENTES: En inglés, 'ten' significa diez, por lo tanto 'contendientes' significará, con diez dientes, es decir, casi mellado.

CONVIENTO: Monasterio situado en un lugar donde hace mucho aire.

COÑEJO: Nombre con el que se conoce al conejo hembra.

COÑOCIMIENTO: Saber mucho de mujeres.

COPAÑERO: Colega con el que se suele salir a tomar unas copas los fines de semana.

CORAL: Lugar destinado en las casas de campo a la cría de animales domésticos conocidos como aves de coral, a saber: los galos, las galinas, los polos, los poluelos, etc.

CORBETA: Prenda de vestir que los oficiales de marina se ponen alrededor del cuello de la camisa. El nudo de esa corbeta es conocido como el nudo marino.

CORDÓN: El cordón o preservativo es utilizado como un eficaz método anticonceptivo. Atado fuertemente al prepucio evita cualquier riesgo de embarazo no deseado.

COREANO: Oriental que, como su mismo nombre indica, detesta el cinturón y prefiere llevar un bonito par de tirantes.

COREOGRAFÍA: Parte de la geografía universal que se dedica al estudio de los bailes regionales y folklore de los coreanos.

CORNADA: Horario laboral de un torero. Si trabaja ocho horas, es cornada completa; si trabaja cuatro, es media cornada, pero si lo coge el toro la cornada puede ser intensiva.

CORNETA: Nombre que recibe la persona cuya mujer le pone los cuernos con un trompetista.

CORONARIA: Enfermedad grave que puede aparecer entre los miembros de una Casa Real cuando surge una disputa por el trono.

CORSARIO: Pirata moderno que se caracteriza por realizar siempre sus fechorías con un Opel Corsa.

COTARRO: Grupo de personas que se pasa el día tosiendo.

COTILLÓN: Persona que se dedica a contar y criticar las burradas que hacen sus amigos la noche de fin de año.

CROATA: Rana originaria de la antigua Yugoslavia que no quiere saber nada de las ranas serbias, ni musulmanas.

CRONOMEAR: Calcular lo que tarda alguien en ir o volver del retrete.

CUARTO MENGUANTE: Dícese de la habitación infantil que se va quedando pequeña en la medida que el niño se va haciendo grande.

CUENTISTA: Individuo que dice tener muchas cuentas corrientes pero que en realidad no tiene ni un duro en el banco.

CUESQUILLEO: Sensación de risa que se produce cuando a alguien se le escapa un cuesco.

CULICULUM: Historial de trabajo enviado a una empresa pero que ha ido a parar directamente al retrete.

CULOMBIA: País de América del Sur cuyos habitantes se caracterizan por sus abultadas posaderas.

CULOMBIO: Dícese de las personas naturales de Culombia.

CURRICULUM-MORTE: Nombre que recibe el curriculum-vitae de un asesino a sueldo.

CUSCÚS: Típico reloj de pared comprado en Marruecos que tiene un pajarito que entra y sale de la jaula para cantar las horas de las comidas.

DAÑO: Dolor intenso que comienza el primero de enero y termina el treinta y uno de diciembre.

DATILOGRAFÍA: Habilidad administrativa que consiste en teclear el ordenador a trescientas pulsaciones por minuto, pero comiendo dátiles al mismo tiempo.

DEBATE: Acalorada discusión en la que sus participantes acaban pegándose entre ellos con palos de béisbol.

DECÁGONO: Futuro departamento de defensa de los EE.UU. de América que será dos veces mayor que el Pentágono.

DECANTAR: Inclinarse por una profesión artística como la de Julio Iglesias, Plácido Domingo, Frank Sinatra, los Beatles...

DECAPITAR: Antigua pena capital que consistía en cortarle la cabeza diez veces seguidas a la misma persona.

DECENA: Ir a comer por la noche.

DECIMONONO: Negarse rotundamente a comprar billetes de la Lotería Nacional.

DECIMONOVENA: Misa a la que se acude durante nueve días seguidos para pedir que salga premiado el décimo de lotería que acabamos de comprar.

DEFOLIAR: Es de lo que viven las mujeres que comercian con su cuerpo. Algunas no tienen más remedio que seguir foliando toda su vida.

DEGENERAR: Vestimenta militar de alto rango utilizada por ciertos locos en el manicomio. Las hay degenerar de brigada, de capitán generar y también degenerar Napoleón.

DEHESA: De la otra, no.

DEMAGOGO: Político que tiene por costumbre amenizar sus discursos parlamentarios con "go-go girls" bailando a su alrededor.

DEMORA: Retraso frecuente que sufren los barcos que salen del puerto de Algeciras con destino a las costas de Marruecos.

DEMOSCOPIA: Manía de algunas empresas de repartir papeles, circulares, comunicados, o cualquier tipo de información para que la gente responda a una encuesta.

DEPENDIENTE: Vendedor de colgantes de oro o de bisutería para las orejas.

DEPREDADOR: Persona que se pasa el día comiendo para combatir la depre.

DESCABELLAR: Momento tenso de una corrida de toros en el que la afición decide arrancarle los pelos al torero por haber realizado una mala faena.

DESCAGAR: Quitarse un peso de encima. En este caso el mencionado peso suele quedarse por lo general en algún retrete.

DESCONSOLAR: Robarle a alguien el consolador comprado en un sex-shop.

DESERTOR: Militar que está dispuesto a trabajar de camellero en el desierto antes de seguir enrolado en el ejército.

DESHOLLINAR: Tomar un buen desayuno después de haber pasado varias horas limpiando la chimenea.

DESMEMORIADO: Persona que se olvida fácilmente de...

DESOBEBECER: No hacer caso de los que te aconsejan sobre los peligros relacionados con el consumo excesivo de alcohol.

DESPACHURRAR: Desgracia que consiste en salir tarde del despacho y ser aplastado por la camioneta de un vendedor ambulante de churros.

DESPACIO: Zona muy alejada del planeta tierra donde los astronautas de la NASA, conocidos como los hombres del despacio, caminan y se mueven muy lentamente.

DESPEDAZAR: Concurso de pueblo que se realiza horas después de haber comido una fabada y que consiste en romper cosas a base de pedos.

DESVANECIMIENTO: Pérdida de conocimiento que se produce cuando nos percatamos de la cantidad de trastos que hemos acumulado en el desván.

DIÁLOCO: Conversación mantenida entre dos chalados.

DIARREA: Cagalera imparable que obliga a la persona afectada a quedarse sentada en el retrete durante un día.

DIEZNUDARSE: Quitarse la ropa por lo menos diez veces al día.

DIPUTADA: Broma pesada o de mal gusto que se le gasta a una mujer elegida por el pueblo para que nos represente en el Parlamento.

DISCOTIR: Pelearse o acalorarse por oír una determinada canción de moda.

DISCREPANZA: Desavenencias que tiene la mujer con su marido por no querer ponerse a dieta para rebajar barriga.

DISLÉXIA: Problema que tienen ciertas personas al lere y al escririb.

DOLIENTE: Lugal muy lejano de donde se supone que vinielon los Leyes Magos pala adolal y obsequial al Niño, con olo, incienso y mila.

DOÑA: La doña apadece pincipalmente en el cuello, en las manos, en las dodillas y en los pies de las mujedes godinas que se lavan poco.

DORMICILIO: Lugar en el que se supone que vivimos pero donde solamente acudimos a la hora de dormir.

DRÁCULO: Vampiro que ataca a sus víctimas mordiéndoles en las nalgas.

DULZAINA: Instrumento de viento con gusto a caramelo.

DUODÉCIMO: Billete de lotería cuyo premio ha de repartirse entre dos personas.

DUODENO: Conjunto musical formado por dos artistas cuyas horribles canciones producen intensos dolores de barriga al auditorio.

E

EBRIO: Nombre que dan los borrachos al río que pasa por Zaragoza.

EDÉN: Era el primer hombre y compañero de Eve en el Paraíso terrenal.

EINSTEIN: Premio Nobel de física que pasó a la historia del cine de terror cuando Hollywood comenzó a popularizar las películas de su hijo Frank.

ELEFANTE: Paquidermo interesado por el mundo de la moda y que es el único mamífero capaz de vestir elefantemente.

EMBESTIR: Tiempo que tarda un torero en colocarse el traje de luces. Se usa también para referirse al dinero que se gasta la gente en ropa.

<u>EMISORDA</u>: Estación de radio que se oye con mucha dificultad.

EMOLUMENTO: Paga que se les da a los soldados que no pierden la vida en una guerra. Para los que sí que la pierden, el ejército tiene previsto lo que se conoce como: *"e..molumento al soldado desconocido"*.

EMPANADA: Si la empanada es mental, no lleva ni atún ni tomate.

EMPAPARSE: Escuchar un sermón del Sumo Pontífice bajo una lluvia torrencial.

<u>EMPORRACHARSE</u>: Situación en la que alguien decide quedarse en porras después de coger una magnifica cogorza.

<u>ENANORARSE</u>: Encariñarse, estar loco de amor por un enano.

<u>ENCALCELAR</u>: Pintar una prisión de blanco.

<u>ENCORCELAR</u>: Meter en la cárcel a un ladrón de caballos.

ENCORDAR: Aumentar de peso. Atar de pies y manos a una persona y forzarle a comer hasta que 'encorde' diez o veinte kilos.

ENDOSCOPIAS: Se trata de aquellos análisis médicos cuyos resultados los envían en tres ejemplares, es decir, en un original y en dos copias.

<u>ENFERMÁTICA</u>: Parte de la informática aplicada a los hospitales.

ENFERMEDAD: Edad a partir de la cual la mayoría de la gente comienza a tener algún que otro problema de salud.

ENGAÑO: Mentira que se descubre al cabo de 365 días.

ENTE: Es lo mismo que decir: "pase pa dento, no se quede en la pueta".

ENTREMESES: Platos de aperitivo que tardan unos noventa días en servírtelos en la mesa.

EQUINODERMO: Persona que se niega a dormir en lugares que no le ofrecen confianza. *¡Que no! ¡Que yo equinodermo!*

ERECCIONES ANTICIPADAS: Acto solemne en el que los miembros masculinos de un partido político eligen por mayoría absoluta a una presidenta que está de muy buen ver.

<u>E</u>REDERO: Empleado que se ha visto afectado por un Expediente de Regulación de Empleo, es decir por un ERE.

ERMITA: Variedad de hormiga insaciable que vive en la madera de las iglesias o capillas que existen a las afueras de los pueblos.

ESCAMA: Lo que recomiendan los médicos cuando estás verdaderamente cansado y necesitas mucho reposo.

<u>ESCONDINABO</u>: Calzoncillo utilizado en Suecia y Noruega.

ESCOÑO: Asiento que ocupan los representantes políticos femeninos en el Parlamento.

ESCULPIR: Vicio de echar escupitajos que tienen los artesanos que trabajan la piedra o la madera.

ESGUINCE: Número de veces que una jovencita está dispuesta a torcerse los tobillos con tal de ponerse unos zapatos de tacón.

ESPEJISMO: Cantidad de tonterías que somos capaces de hacer los humanos cuando nos encontramos solos delante del espejo.

ESPIAR: Observar o vigilar todo lo que hacen los pollos.

ESPIJISMO: Es una ilusión óptica que sufren los hombres desnudos al imaginarse como un macho superdotado durante unos pocos segundos.

ESPUELA: Academia o colegio donde se enseña a los alumnos a montar a caballo.

ESPUTO: Que se dedica a la prostitución y además escupe constantemente.

ESQUELA: Colegio donde preparan a sus alumnos para regentar el día de mañana, una funeraria, un tanatorio o una incineradora de cadáveres.

ESQUELÉTICO: Persona extremadamente flaca cuyo nombre está a punto de aparecer en las esquelas.

ESQUINOFRÉNICO: Conductor alocado que no frena nunca en los cruces.

ESTACIONES: Lugar donde paran los trenes a recoger pasajeros en primavera, verano, otoño e invierno.

ESTADO DE COMA: Perdida de consciencia provocada por haber estado comiendo sin parar.

ESTAFETA: Timo o estafa de poca importancia realizada cerca de una oficina de correos.

ESTANQUERO: Persona que se dedica a quitar de los estanques las colillas de tabaco.

ESTAÑO: Sirve para referirnos al año en curso. El año anterior se conoce como: 'laño pasao' y el posterior, como: 'laño que viene'.

ESTETOSCOPIO: Instrumento que utilizan los médicos para auscultar a sus pacientes, casi siempre alrededor de las tetas.

ESTÍO: Hermano de tu padre o de tu madre al que le encanta el verano.

ESTOFADO: Guiso que se come escuchando música típicamente portuguesa.

<u>ESTUDIENTE</u>: Universitario que ha decidido matricularse en la Facultad de Odontología.

ESTUDIOS: Aprendizaje que te puede solventar el futuro. Tener muchos estudios es muy importante, sobre todo si los tienes en la zona de la playa, alquilados a buen precio.

<u>ESTUFADOR</u>: El que estafa a la gente vendiendo aparatos de calefacción.

ETERNUDAR: Enfermedad que consiste en dar estornudos sin parar durante toda una vida.

ETNIA: Grupo de personas de una misma raza que utilizan braguero para evitar las molestias de la etnia inguinal.

EUROFEO: Ciudadano perteneciente a alguno de los países de la Unión Eurofea.

EXCELENTÍSIMO: Término informático utilizado para referirse a la persona que es excesivamente lenta utilizando la hoja de cálculo Excel.

EXILIO: *¡Socooorrooo!* Grito desgarrador de un refugiado político.

EXPEDIENTE: Historial médico que tienen todos los dentistas de cada uno de sus pacientes.

EXPRESO: Persona recién salida de la cárcel que trabaja en una cafetería sirviendo cafés.

FAGOCITO: Instrumento de viento de la familia del fagot que, por su reducido tamaño, permite al músico soplar y comer al mismo tiempo.

FAJINA: Fajo de billetes oculto en la una zona muy intima del cuerpo de la mujer.

FALOPECIA: Enfermedad de algunos hombres que provoca la caída del pelo de la zona del pubis.

FALOPIO: Músico italiano de gran renombre por su habilidad tocando la trompa.

FAMACÉUTICO: Vendedor de medicamentos de gran prestigio y popularidad.

FANGO: Barro argentino.

FANTASIOSO: Niño con una imaginación fuera de lo normal que asegura que su madre lo crió a base de biberones de Fanta.

FANTASMEAR: Irresistibles ganas de orinar que se producen inmediatamente después de tomar una determinada marca de refresco de naranja o de limón.

FARMACÉLTICO: Boticario forofo del Real Club Celta de Vigo.

FELICITRAICIÓN: Acto vandálico que consiste en mandarle a alguien una carta bomba el día de su aniversario.

FEMINISTRA: Es la representante femenina del Gabinete del Gobierno que se ocupa de la igualdad de derechos entre el hombre y la mujer.

FERROLVIARIO: Empleado de Renfe nacido en una ciudad importante de la provincia de A Coruña.

FETICHISTE: Coleccionista de chistes que están solamente relacionados con el tema del sexo.

FETOGRAFÍA: Retrato hecho a una persona que es increíblemente fea.

FEZ: Vertebrado acuático cubierto de escamas que vive cerca de las costas de Marruecos. Es reconocible en el agua por ser la única especie que nada con turbante y chilaba.

FIELES: Feligreses pudientes que acuden a misa para lucir sus lujosos *"abrigos de fieles"*.

FIESTAS DE GUARDAR: Días festivos en los que las amas de casa aprovechan para meter en los armarios la ropa de invierno o de verano cuando acaba la temporada.

FIJAPELO: Persona calva o con poco pelo que se queda abobada mirando a otras personas que por fortuna tienen una bonita cabellera.

FILISTEO: Individuo obsesionado en equipar toda su casa con electrodomésticos de la marca "Filis".

FINANCERO: Ejecutivo que ha dejado sin un duro las cuentas bancarias de la empresa en que trabaja.

FINIQUITO: Liquidación de una cuenta en la que el que tiene que pagar, intentará quitarle alguna cantidad al que tiene que cobrar.

FLAMANCO: Bailaor de flamenco al que le falta un brazo.

FLAMENCO: Ave zancuda de color rosa que se cría en la zona norte de Bélgica.

FLATULENTO: Lo contrario de flaturápido.

FLECO: Persona delgada con pelos largos que le tapan la cara.

FOLLAJE: Conjunto de hojas de un parque bajo las cuales se suelen encontrar preservativos usados.

FOLLONERO: Dícese de la persona que por culpa de sus complicadas relaciones sexuales siempre anda metido en líos.

FORENSE: Médico propietario de un coche de la marca Ford.

FÓSIL: Escopeta petrificada que se usaba hace más de un millón de años.

FOTÓMETRO: Retrato que mide 100 cm. por cada lado.

FRACAZAR: Volver a casa con el zurrón vacío.

FRENESÍ: Respuesta furiosa que dan los profesores de las autoescuelas a sus alumnos novatos, cuando presos de pánico le preguntan: *¿freno? ¿freno?*

FRENÉTICO: Estado de excitación o de cabreo del dueño del coche al que hemos golpeado por no frenar a tiempo.

FRENTE POPULAR: Citaré, entre otras, la frente del señor Fraga, la de Rodrigo Rato, la de Jordi Pujol, la de Chiquito de la calzada, etc., etc.

FRONTÓN: Cuando el espacio entre las cejas y el flequillo de una persona supera los 10 cm. de distancia, podemos decir que nos encontramos ante un magnífico frontón.

FUERAGORDA: Embarcación rápida pilotada por una señora de más de cien kilos de peso.

FULANA: Tipo de lana bastante caliente, que se diferencia de las demás lanas en que no es ni pura, ni virgen.

FUMOSIS: Estrechez del prepucio que padecen las personas fumadoras.

FURCIONARIA: Empleada de la administración pública capaz de prostituirse con tal de subir rápidamente en el escalafón.

FUTURISTA: Turista que ya tiene la reserva hecha para el primer viaje interplanetario que salga para el planeta Marte.

GACHÍS: Término utilizado para referirse a las mujeres que están de buen ver pero que se pasan los días enteros estornudando.

GAFOLOGÍA: Técnica oftalmológica que consiste en adivinar a través de la escritura el tipo de gafas que necesita una persona.

GAITERO: Simpatizante del movimiento gay al que le encanta la sidra, los instrumentos de viento y la música folklórica gallega.

GAJO: Variedad de ajo que tiene el tamaño de una naranja.

GAMBERRO: Persona indeseable que disfruta robando gambas y langostinos.

GAMO: Rumiante de la familia de los cérvidos que pesa la milésima parte de un kilo.

GANTE: Ciudad belga en la que sus habitantes llevan siempre bien cubiertas las manos para protegerse del frío.

GASOLINERA: Seguidora, forofa o hincha del jugador de baloncesto, Pau Gasol.

GASTEROPODO: Gánster americano de la familia de los moluscos.

GASTO: Asnimal de compañía de la familia de los feslinos y esnemigo de rastas y rastones.

GASTOENTERITIS: Enfermedad que consiste en gastarse enteramente el sueldo del mes en unos cuantos días.

GASTRONOMÍA: Ciencia compleja que estudia lo que comen los 'gastronautas' durante sus viajes espaciales.

GATILLO: Apretar el gatillo puede ser muy peligroso, yo lo hice en una ocasión y tuvieron que curarme de unos cuantos arañazos.

GERMANOS: Parentesco entre los hijos de una misma familia alemana. Son muy conocidos los germanos de sangre, los germanos gemelos, los primos germanos y los germanos Marx.

GESTACIÓN: Apeadero de tren exclusivo para mujeres embarazadas.

GESTORÍA: Academia moderna donde se imparte el lenguaje de los gestos. Allí aprenderás a hacer desde el más bonito guiño hasta el más insultante corte de manga.

GIBRALTAR: Lugar donde muchas mujeres se han quedado embarazadas de un personaje conocido en la zona como, el preñón de Gibraltar.

GINECÓLOGO: Persona excesivamente criticona y murmuradora que por menos de nada te pone a parir.

GIRO POSTAL: Se le llama así a la media vuelta que dan los carteros cuando, después de llamar varias veces a una casa, no consiguen entregar el correo a su destinatario.

GLADIADOR: Vendedor ambulante de gladiolos que, en la antigua Roma, montaba su negocio a las puertas de los circos los días de pelea.

GLANDE: Enolme.

GODOS: Guerreros obesos de origen germánico que gracias a su exceso de peso consiguieron aplastar a sus enemigos e invadir así varios países europeos.

GOLONDRINO: Pájaro insectívoro de color negro que suele anidar y poner huevos en el sobaco de ciertas personas.

GOLOSINAS: Variedad de chucherías que se pueden comprar en las estaciones de servicio, conocidas también como: 'golosineras'.

GORDOBÉS: Natural de Córdoba que pesa más de cien kilos.

GORRÓN: Término que se utiliza en la expresión *¡Gorrón y cuenta nueva!*, que es la que usamos cuando rompemos relaciones con alguien que siempre comía en tu casa "por el morro".

GRAMÓFONO: Dícese del teléfono móvil de nueva generación que pesa aproximadamente un gramo.

GRANITO: Poro de la cara de un caradura que resulta muy difícil de extraer debido a su composición de feldespato, cuarzo y mica.

GRANOLLERS: Municipio de la provincia de Barcelona cuyos habitantes no suelen andarse con rodeos y van siempre directamente al grano.

GUA: Juego de canicas que debe su nombre al hecho de que, para jugar correctamente, hay que ponerse a cuatro patas como el perro, pero sin ladrar.

GUAGUA: Juego de canicas, juego de canicas.

GUARDAPOLVO: Preservativo, condón, funda, goma, profiláctico.

GUARISMO: Superlativo de guaro. Dícese de alguien que es mu marano, mu marano.

GUARRERÍA: El parvulario o Guarrería Infantil es un tipo colegio diseñado especialmente para niños muy guarros.

GUARROCERÍA: Parte metálica de un coche que no ha sido lavada por su dueño en los últimos quince años.

GUERRA SUCIA: Conflicto bélico o batalla en la que los contendientes se lanzan entre sí todo tipo de excrementos.

GUIRIGAY: Extranjero homosexual que es muy escandaloso.

GUISANTES: Nombre con el que se conoce a las personas que se pasan el día guisando para los demás.

GUSANO: Lombriz de tierra que, a pesar de llevar una vida muy arrastrada, no se le conoce ningún tipo de enfermedad.

HABANERA: Persona dedicada al cultivo de habas a la que le encanta escuchar música cubana.

HALCÓN: Ventanal exterior con vistas a la calle donde suelen anidar aves rapaces.

HARTO: Andaluz que mide más de dos metros y que está hasta las narices de que le pregunten: *¿Qué tiempo hase por esas harturas, mi arma?*

HEBILLA: Siudá andalusa mu calurosa ande se selebró la HEXPO HUNIVERSA en er HAÑO 92. Torre del Horo, feria de Habrí, la Hirarda. *¡Heleee la grasia, que no se pué aguantá!*

HECES: Pescados malolientes. El refranero español nos recuerda que: *"El que quiera heces que se moje el culo".*

HELADA: Personaje de cuento infantil que vive en el bosque y que en invierno pasa un frío de tres pares de narices. Seguro que habéis oído hablar de helada madrina.

HEMICICLO: Modelo de bicicleta blindada que, tras los recortes presupuestarios del gobierno, tendrán que utilizar los diputados españoles para asistir al Congreso.

HEROÍNA: Mujer que luchó toda su vida por apartar a la gente del mundo de la droga.

HERRERO: Personaje de comic que siempre comía en su casa con cuchillo de palo. El más popular de todos ellos fue, el Herrero del antifaz.

HERROR: Equibocación, fayo, acer faltas de hortografía.

HIENA: Estado de una botella de whisky antes de que lleguen tus amigos a casa. La fases de la botella son tres: hiena, medio hiena y totalmente vacía cuando se marchan los gorrones.

HIGOISTA: Persona que es incapaz de dejar higos para los demás.

HIGUERA: Árbol del que se dice que si haces el amor debajo de él, a los nueve meses puedes tener un higo.

HIJO POLÍTICO: Nombre que sirve para indicar el parentesco existente entre los representantes del Gobierno y sus respectivos padres.

HIMNORANTE: Ciudadano que es incapaz de reconocer el himno nacional de su país.

HIMNOTIZAR: Consiste en quedarse dormido nada más empezar a sonar el himno de cualquier país.

HIPERMÉTROPE: Persona que es incapaz de encontrar un hipermercado a pesar de estar a unos cuantos metros de distancia del mismo.

HIPERTENSIÓN: Situación muy tensa que sufren aquellos ladronzuelos que son pillados in fraganti robando en un gran supermercado.

HIPÓCRITA: Dícese del que tiene un ataque de hipo y lo niega rotundamente.

HIPOTENTE: Persona que padece disfunción eréctil por culpa del hipo.

HOJALATERO: Es el que repite constantemente, en sus conversaciones, la interjección ¡Ojalá!

HOLA: Saludo que se realiza en la playa junto a la orilla del mar.

HONDA: Moto de gran cilindrada con la que se supone que David atropelló y mató al gigante Goliat.

HONGO: Seta de color negro, de origen centro africano, que se cría en los bosques de Bélgica y que se ha comercializado durante muchos años con el nombre del Hongo Belga.

HORACIÓN: Plegaria que dura sesenta minutos.

HORMIGONERA: Aparato giratorio utilizado en la construcción para acabar con las hormigas. Para ello se mezclan tres sacos de hormigas con uno de cemento, se añade agua y el resto lo hace la hormigonera.

HORRORÓSCOPO: Predicción de un futuro malo y lleno de desgracias.

HUERTA: Giro en redondo de 360 grados. Entre las más conocidas de todas, citaré: la huerta de campana.

HUERTO: Sisnifica estar girao. Mesplico, cuando desímos que arguien está huerto, lo que estamos quiriendo desí, es que está d'espardas. Tá más claro ahora ¿no?

HUMONIDAD: Dícese del conjunto de seres humanos, no fumadores, a los que les molesta el humo.

HUMOR: Según los médicos, el humor puede ser de dos clases: el benigno, con el que te puedes morir... de risa, y el maligno, con el que te puedes morir... de pena.

HUMOSEXUAL: Mariquita que prefiere a los hombres que fuman algún puro que otro.

I

IBIZCA: Nombre de una de las islas Baleares en la que los turistas pueden acabar con estrabismo al ver tantísima gente en pelotas en sus playas nudistas.

IMPASTOR: Dícese de la persona que pretende hacerse pasar por una oveja.

IMPRESO: Documento o formulario que han de rellenar los delincuentes antes de entrar en prisión.

IMPRIMIL: Editar o publicar algún documento más de novecientas noventa y nueve veces.

IMPRUDIENTE: Persona que tiene la mala costumbre de abrir o destapar las cosas con la boca.

<u>**INDIOMA**</u>: Lenguaje, hablado en infinitivo, que utilizan los pieles rojas de las películas del Oeste.

INFANTICIDIO: Tipo de asesinato que consiste en matar a alguien lanzándole a la cabeza un cajón repleto de botellas de Fanta.

INFIERNO: Digamos que es la más fría de las cuatro estaciones del año porque hace un frío de mil demonios.

<u>**INSEXICIDA**</u>: Veneno que mata los insectos atacándoles por sus partes más íntimas.

<u>**INTELETUAL**</u>: Dícese de la persona que sabe todo lo que sabe gracias a la tele.

<u>**INTERMITONTO**</u>: Bombilla del coche que se enciende y se apaga cuando le da la gana.

IVA: Excusa que suelen dar muchos comerciantes al inspector de Hacienda al no haber declarado el famoso impuesto sobre el valor añadido: *"IVA… precisamente a pagarlo mañana mismo… señor inspector…"*.

<u>IVASOR</u>: Nombre que recibe el inspector de hacienda que invade por sorpresa los comercios exigiendo que le muestren la última declaración del IVA.

JABALÍ: Natural de la isla de Java que se dedica furtivamente a la caza y comercio del cerdo salvaje.

JABÓN: Producto de limpieza utilizado para lavar a los cerdos. Los tipos de jabones más conocidos son: el jabón serrano, el jabón de pata negra, el de Jabugo, el jabón a la plancha y el jabón con chorreras.

JABONERA: Parte de la era prehistórica en la que se supone que el homo sapiens utilizó por primera vez el jabón.

JACINTO: Nombre de la persona que, harta de llevar tirantes para sujetarse los pantalones, inventó y patentó la correa, cinto o cinturón.

JADEO: Lío, follón, escándalo que se organiza cuando la mujer encuentra a su marido con otra persona en la cama o viceversa… ¡Menudo jadeo!

JAGUAR: Vocablo utilizado en las conversaciones en inglés. Ejemplo: *Jaguar you?* -a lo que el otro contesta- *"Very güel zankiu"*.

JESUITA: Ciudadano extremadamente educado que siempre dice *¡Jesús!* a los que estornudan.

JIÑAR: Movimiento de abrir y cerrar el ojo. Sin abundar en detalles, quisiera aclarar que, en este caso, el mencionado ojo no es ninguno de los situados en la parte superior de la cabeza.

JORNALEURO: Agricultor que sueña cada noche con que algún día le llegarán desde Bruselas las ayudas prometidas por la Comisión Europea.

JOROBAR: Bar o club social que está regentado por alguien que tiene chepa.

JUBILEO: Término que define la cantidad de libros o revistas que lee la gente cuando se jubila.

JUEGO DE CAFÉ: Es aquel que permite a unos cuantos amigotes echarse una partidilla en el bar antes de volver a casa. Los más populares son el dominó, el póker, el mus, el parchís, el billar…

JUGO: Primera persona del singular del presente de indicativo del verbo jugar: *Yo jugo, tú jugas, él juga…*

KAKI: Fruta que puede tener efectos benéficos contra el estreñimiento.

KARAOKE: Arte marcial cuya técnica consiste en dejar K.O. al adversario cantándole una canción. Su categoría máxima es la de cinturón negro de karaoke.

KARATEKA: Individuo que conoce cien maneras distintas de partirte la 'KARA'.

KARAZTECA: Deportista mejicano que practica artes marciales.

KASPAROV: Nombre de un terrible monstruo ruso. Recientemente se escuchó por la radio que, en pocos segundos, esa horrible bestia se comió dos caballos y una reina.

KENIA: Palabra africana de origen valenciano que significa: ¿Qué hay? Ejemplos: *Kenia per a dinar?* -¿Qué hay para comer?-; *Kenia per a beure?* -¿Qué hay para beber?-, etc.

KEROSENO: Fórmula utilizada por algún lactante para pedir a su madre que le dé de mamar cuando viaja en avión. En las demás ocasiones, el niño diría: "quero teta".

<u>KILOGRANO</u>: Poro o espinilla que puede llegar a pesar aproximadamente un kilo.

KILOMETRAJE: Lo usamos para referirnos a la cantidad de kilos de cosas típicas que nos traemos del pueblo, por ejemplo: *"me traje cinco kilos de chorizos...", "me traje tres kilos de morcillas...", "y de patatas..., yo no sé cuantos kilos...metraje"*.

<u>KULOGRAMO</u>: Unidad de medida que sirve para controlar la cantidad de grasa que se les acumula a muchas personas en las posaderas.

KUWAITÍ: Natural de Cuba que ha trasladado su residencia a uno de los países del golfo Pérsico.

LABIA: Enfelmedad que se tlansmite al homble pol la moldedula de un pelo labioso.

LABRADOR: Raza de perro que no muerde nunca. Ya lo dice un conocido refrán: *"Perro labrador, poco mordedor"*.

LACAYO: Criado que solamente sale a la calle cuando su ama le manda a comprar un bote de laca.

LAVANDERÍA: Perfumería que solamente vende colonias con olor a lavanda.

LAVATIVA: Recipiente que antiguamente se rellenaba de lava recién salida del volcán y se introducía por vía rectal para limpiar bien los intestinos de los enfermos.

LAVAVAGINAS: Nombre que recibe el bidé que utilizan las señoras para lavarse sus partes más íntimas.

LECHERO: Guardaespaldas de algún famoso que siempre está a punto para pegar una leche.

LECHÓN: Aparatoso accidente de circulación en el que un conductor despistado colisiona con un camión cargado de cerdos.

LEGAL: Echal agua a las plantas con una legadela o con una manguela.

LEGUA: Órgano situado dentro de la boca que en algunas personas puede llegar a medir más de cinco mil quinientos metros de longitud.

LEPIDÓPTERO: Helicóptero fabricado en Lepe. Tiene forma de mariposa y sus hélices están pintadas de múltiples colores.

LETRADO: Individuo que se pasa la vida pagando todo a base de letras.

LEVANTE: Región del mediterráneo donde se fabrican las pastillas de Viagra.

LEVITACIÓN: Parte de la casa utilizada como dormitorio. Las casas de hoy suelen tener levitación de matrimonio, levitación de los niños y en algunos casos, levitación de invitados.

LIGADURA: Según los aficionados al fútbol, es lo que será la próxima temporada de fútbol si su equipo no marca goles. Una liga dura… y tan dura.

LIGERO: Persona que lija muy deprisa.

LIJA: La hermana del hijo.

LIJAR: Habilidad que tienen los carpinteros para seducir chicas en las discotecas.

LIMA: Herramienta muy utilizada en las cárceles del Perú.

<u>LINTERNAUTA</u>: Persona capaz de conectarse y navegar por Internet con una linterna.

LISTÓN: Hijo de carpintero que saca muy buenas notas en clase.

LITERATO: Escritor que tiene la costumbre de escribir todas sus novelas sin bajarse para nada de la litera.

LITIO: Se utiliza para fabricar las pilas de los teléfonos móviles. Los de nueva generación, por ser más potentes, van equipados con pilas de litio y medio.

LOBBY: Personaje de cuento que se comió a Caperucitty. Convertido ahora en hombre-lobby reside en Bruselas cerca las Instituciones comunitarias.

LOCOMOCIÓN: Moción de censura presentada por un partido político contra un Presidente del Gobierno que se está volviendo loco.

<u>LUGOSLAVO</u>: Serbio que salió de su país para establecerse en un pueblecito gallego de la provincia de Lugo.

LUJO: Ciudad gallega que, junto con Orense y Pontevedra, están consideradas como unas de las más ricas y lujosas del mundo.

LUNAR: Peca de la cara, fea y en forma de cráter que, influida por la luna, aparece siempre de noche y se esconde de madrugada.

MACHORISTA: Comerciante especializado en la venta de animales machos al por mayor.

MADRE: Término de origen inglés que se utiliza para saber donde se han fabricado las cosas, por ejemplo: *Madre in Spain, Madre in China, etc.*

MADRIGUERA: Cueva o refugio de montaña donde solamente pueden esconderse los animales que han nacido en la capital de España.

MAGALLANES: Nombre de uno de los pocos estrechos que existen en nuestros océanos. De haber existido muchos más se les conocería como los estrechos de Mogollones.

MALABARISTA: Dícese del que sale de los bares haciendo equilibrios para no romperse la crisma.

MALICIA: Personaje de cuento infantil, diabólico y perverso, que vivía en el país de las maravillas.

MAMÍFERO: Niño de corta edad que se pasa el día persiguiendo a su madre con los brazos en alto, balbuceando: *"...maami..., ...maaaami...".*

MAMOGRAFÍA: Fotografía de Bill Clinton junto a su becaria Mónica Lewinsky.

MAMÓN: Parece un insulto pero no lo es. En realidad es la manera que tienen algunos niños pequeños de llamar a su hermano Ramón.

MANDRILEÑO: Individuo con cara de mandril nacido en la capital de España.

MANIÁTICO: Persona a la que le encanta vivir en el último piso de un edificio.

MANICURA: Sacerdote que, después de celebrar la santa misa, dedica unas horas a arreglarles las uñas a los feligreses de su parroquia.

MANIFESTONTO: Dícese de la persona que asiste a una manifestación equivocada.

MANIGESTACIÓN: Nombre que recibe cualquier tipo de manifestación contra el aborto.

MANÓMETRO: Instrumento que sirve para medir la longitud de la mano. Permite identificar a los que tienen la mano muy larga, como es el caso de los pegones, tocones y ladronzuelos.

MANTEQUILA: Denominación de origen de la manteca mejicana.

MANUAL: Libro de instrucciones que cuesta un año de leer.

MAÑIQUITA: Afeminado natural de la provincia de Zaragoza.

MAÑO: Mano deforme que tiene trescientos sesenta y cinco dedos con sus correspondientes trescientas sesenta y cinco uñas.

MAOÍSMO: Maullido de los gatos chinos que, a diferencia de los occidentales, no dicen: *"miau…"*, *"miau…"*, sino más bien: *"maao…"*, *"maao…"*.

MARALLUVIOSO: Término que se utiliza para referirse a un maravilloso día de lluvia.

MARCAPASOS: Instructor militar que enfermó del corazón de tanto gritarles a sus soldados: *¡Izquierda…! ¡Izquierda…! ¡Izquierda…! ¡Derecha! ¡Izquierda…!*

MARCONI: Insulti, palabroti, o nombri con el que se conoci a los que son de la ceri de enfrenti.

MARIACHIS: Músicos mejicanos que cada vez que salen de serenata se resfrían y no cesan de estornudar.

MARIPOSEO: Conversación estúpida entre dos amigas ricas y pijas, en la que solamente se habla de lo que tienen cada una de ellas: *"Mari, poseo, un yate…, poseo, un Rolls…". "Pues yo, Mari, poseo…, un castillo en Francia, y también poseo…"*

MARIQUITA: Orden que se da a una persona que responde al nombre de Mari. Si queremos que quite algo se le dirá: Mariquita, y si queremos que ponga algo, se le dirá: Maripón.

MARISQUITA: Homosexual al que le encanta comer gambas, cigalas, centollos o cualquier otro tipo de marisco.

MARRANA: Variedad de rana considerada por los científicos como la más gorrina de todas las especies de anfibios conocidos y por conocer.

MARTIRIMONIO: Pareja formada por un hombre y una mujer que a partir de lo de : *"Yo os declaro marido y mujer"*, sus relaciones no han sido más que peleas, discusiones, disgustos, penas y sufrimientos.

MARXISTA: Seguidor y amante de las películas y del humor absurdo de Groucho, Harpo y Chico Marx.

MATARIFE: Carnicero que nunca sabe donde deja las llaves de casa. De ahí la famosa canción que dice: *"¿Dónde están las llaves matarife, rife, rife? ¿Dónde están las llaves matarife, rife, ron, chim pón...?"*

MATÓN: Individuo violento y pendenciero. El más popular de todos los tiempos fue el famoso "matón de Manila", que fue detenido por la policía de Madrid en la Verbena de la Paloma.

MAZMORRAS: Nombre que recibía el pecho voluminoso de las mujeres verdugo de la edad media. Muchos condenados pedían ser torturados en las mazmorras antes de ser ejecutados.

MAZO: Para los niños de corta edad se trata de uno de los meses del año que, como todos sabemos, para ellos son: *"enedo, febedo, mazo, abil, etc., etc."*

MAZORCA: Es la más grande y turística de las islas Baleares. Allí se ha puesto de moda comer por la calle panochas de maíz asadas con carbón.

MEA CULPA: Locución latina que se utiliza para admitir o reconocer que has sido tú la persona que se orinó fuera del retrete.

MECANO: Nombre con el que se conoce al musulmán que se niega rotundamente a realizar la peregrinación a La Meca.

MECHERO: Peluquero de señoras especializado en cortar y tintar las mechas de sus clientas.

MEJILLÓN: Hinchazón de una o de las dos mejillas producida por la ingestión de moluscos en mal estado.

MELLIZOS: Son como los hermanos gemelos pero con la particularidad de que nacen sin dientes y siguen mellados toda su vida.

MELODRAMA: Situación desagradable por la que pasan algunos agricultores cuando la tormenta o el pedrisco les destruyen por completo el melonar.

MELONCESTO: Deporte rural cuyo objetivo es introducir el máximo de melones en una canasta situada a más de tres metros de altura.

MENDRUGO: Pan duro con el que se alimentan los 'mendrigos'.

MENTIROLÓGICO: Se conoce con el nombre de Centro Mentirológico, al Instituto o agencia de meteorología que se equivoca constantemente en las predicciones del tiempo.

MENUSCRITO: Libro de recetas de cocina.

MEOLÍTICO: Período posterior al Paleolítico en el que los hombres de la edad de piedra inventaron e instalaron en la cueva, su primer retrete de "Roca".

MEOLLO: Turno riguroso que se establece para ir a orinar en los retretes de señoras de las autopistas. Puede resultar desesperante cuando coincide con la llegada de un autobús de excursionistas.

MEOMETANO: Musulmán con graves problemas de cistitis.

MEOYORQUINO: Ciudadano americano que trabaja limpiando los retretes públicos.

MERENGUE: Ritmo latino, de origen dominicano, que consiste en bailar batiendo claras de huevo y azúcar al mismo tiempo.

MERO HECHO: Expresión que utilizamos para decir cómo queremos que nos cocinen el mero: Hecho a la plancha, al horno, en salsa verde, etc.

MESÓN: Mes del año que tiene por lo menos, por lo menos, cuarenta días.

METAFÍSICA: Ciencia que explica la increíble forma física que deben tener los ciclistas del Tour para poder llegar victoriosos a la meta.

METRÓPOLIS: Pareja de policías que patrulla por las estaciones y andenes del metro de las grandes ciudades.

MICROCÉFALO: Dícese del falo que en plena erección puede llegar a adoptar la forma de un micrófono.

MIÉDICO: Doctor en medicina cuyos pacientes le temen más por los honorarios que pide, que por la enfermedad que les pueda diagnosticar.

<u>MIERDICAMENTO</u>: Producto farmacéutico para combatir la diarrea.

<u>MIERDICINA</u>: Ciencia médica que estudia las enfermedades del aparato excretor del cuerpo humano.

MIGRAÑA: Anticonceptivo femenino.

MIJO: Término cortés y abreviado utilizado para presentar a un miembro de la familia, ejemplo: *"Aquí, mi señora…".* ¡Encantado! *"Aquí, mijo… ".* ¡Tanto gusto!

MILILITRO: Unidad de medida que se utilizaba para determinar los litros de alcohol que bebían los antiguos reclutas mientras estaban haciendo la mili.

<u>MILIPUTIENSE</u>: Militar bajito expulsado del ejército por frecuentar demasiado las casas de citas.

MINISTERIO: Oficinas del Gobierno en las que las funcionarias tienen completamente prohibido ir a trabajar con faldas minis.

MINUTA: Sesenta segundas.

MIÑO: Chaval, chiquillo, muchacho o rapaz nacido en Galicia.

MISTERIO: El Misterio del Interior, el Misterio de Hacienda, el Misterio de Trabajo y otros muchos más Misterios son los que dirigen misteriosamente el destino de nuestro país.

MOCHILA: Especie de bolsa con asas que se lleva en la espalda y se utiliza para guardar el mocho y otros útiles de limpieza.

MOCOLLÓN: Dícese de la persona que tiene gran cantidad de mocos.

MOCOVITA: Dícese del Ruso que está resfriado permanentemente y que se pasa el día sonándose las narices.

MODO: Ádabe, musumán odiginadio de Maduecos.

MOHO: Para los niños pequeños y para los gangosos no es ni más ni menos que lo que se sacan de dentro de la nariz.

MOMÍFERO: Nombre que reciben los mamíferos de la época de Tutankamon.

MONÓCULO: Parte trasera de un simio.

MONOGUILLO: Ayudante de misa feo y peludo.

MONOKINI: Mono que ha sido adiestrado para quitar el sujetador del bikini a las bañistas cuando están tranquilamente tostándose al sol.

MONÓLOGO: Discurso hecho por un chimpancé.

MONOLOTO: Juego de azar cuyo ganador se lleva como premio un gorila.

MONOMIO: Expresión utilizada por Tarzán para decirle al hombre blanco que la mona Chita era de él.

MONOPAUSIA: Retiro de la menstruación de los simios hembra.

MONTEPÍO: Montaña de mediana altura en la que se ha construido una granja de pollos.

MONTÍCULO: Parte del monte donde muchos excursionistas, tras mirar hacia todos los lados, se agachan, se bajan el calzón y aprovechan para hacer una, grande y libre.

MONUMIENTO: Escultura dedicada a un político.

MOÑO: Es como un mono pero con mucho más pelo.

MOQUETA: Gotita que pende de la punta de la nariz cuando se está resfriado.

MORIDO: Nombre que recibe el marido cuando fallece.

MORISCO: Bocado pegado por un moro.

MOROSO: Mal pagador de la zona del Magreb.

MORRIÑA: Pelea callejera en la que intervienen varias personas que viven fuera de su país.

MORRO: Individuo natural de 'Morruecos' que se caracteriza por tener los labios excesivamente hinchados.

MOSCATEL: Insecto parecido a la mosca que se alimenta principalmente de pasas y de vino dulce.

MOSQUETÓN: Mosca de gran tamaño que vive en los cuarteles y que suele pararse en la cara de los soldados cuando el capitán está pasando revista.

MOTÍN: Ciclomotor de baja cilindrada utilizado por los presos para fugarse de la cárcel.

MUCOLÍTICO: Periodo posterior al Paleolítico en el que se descubrió al Moco Sapiens.

MUDANZA: Baile organizado por una asociación de mudos cada vez que alguno de ellos cambia de domicilio.

MUDORRA: Somnolencia de una persona que está privada de su facultad de hablar.

MULTIMEDIA: Fetichista informático al que se le encontró en casa una enorme colección de medias usadas de señoras de todas las edades.

MULTIMIERDA: Se llama así al conjunto de aparatos electrónicos que no sirven para nada.

MURCIÉGOLO: Variedad de murciélago que está completamente ciego.

MUSTAFÁ: Famoso sultán aficionado a los juegos de naipes de quien se dice que inventó y popularizó el juego del mus.

MUSTIO: Jugador de mus en baja forma.

MUSULMÁN: Palabra de origen inglés que significa lo contrario de musulwoman.

MUSULNANA: Mujer bajita que profesa el Islam.

MUTAR: Denunciar, poner una muta.

NADADOR: Persona que no da nada de nada, que no dice nada de nada, que no sabe nada de nada, que no hace nada de nada, etc.

NADANJO: Árbol frutal de la familia de los cítricos que se tiene que arrancar porque no produce nada.

NANICOMIO: Centro de salud mental que cuida de locos muy bajitos, muy bajitos.

NAVIERO: Cultivador de nabos obsesionado en vender a buen precio la cosecha para poder comprarse el barco de sus sueños.

NAZIMIENTO: Se refiere al día, fecha y hora en la que nació Adolf Hitler.

NEGROCIO: Dícese del negocio en el que todo se cobra o se paga con dinero negro.

NEÓN: Emperador romano que incendió la ciudad para verla bien iluminada. Años más tarde pasó a la fama por ser el inventor de lo que hoy conocemos como tubos fluorescentes.

NICOTINA: Casa de un fumador empedernido que se lo gasta todo en tabaco. Por esta razón, la casa no tiene ni cotina, ni cuato de baño.

NIEGOCIACIÓN: Imposibilidad de llegar a un acuerdo con alguien.

NOMBRE DE PILA: Varta, Duracell, etc...

NONO: Negar algo nueve veces seguidas.

NOVENO: Dícese de la persona que no ve o que no quiere ver que hay por lo menos ocho personas delante de él. Suelen trabajarse las colas del cine, del fútbol, de hacienda, etc.

<u>**NUERÓLOGO**</u>: Especialista de los nervios visitado principalmente por aquellas nueras que no soportan a la suegra o viceversa.

<u>**NUEVELISTA**</u>: Escritor que lleva publicadas nueve novelas.

OBSCENO: Persona que tiene el cochino vicio de sentarse a cenar completamente desnudo.

OCUPEDO: Cartel que aparece en los retretes públicos cuando la puerta está cerrada y hay alguien dentro.

ODA: Del verbo Oder. Se utiliza en expresiones populares del tipo de: *"no me odas…", "llevo un día muy odido…", "oder qué frío que hace…"*, etc.

OJONUDO: Que tiene un par de ojones.

OLIENTE: Que huele. Si el que huele está cerca de nosotros, nos referiremos a él como: Oliente próximo; si huele poco será: Oliente medio; y si huele mucho, le llamaremos: Extremo oliente.

ONANISMO: Defecto de crecimiento de algunas personas muy bajitas cuyo origen se debe a la práctica abusiva del vicio solitario.

ONCEJAL: Concejal de un ayuntamiento que se está quedando ciego a la carrera.

ONUBENSE: Habitante de la provincia de Huelva que trabaja para la Organización de las Naciones Unidas.

OPERADOR TURÍSTICO: Cirujano contratado por una agencia de viajes para intervenir a los viajeros en caso de necesidad.

ORÁCULO: Es la hora del día que cada persona consagra al retrete para hacer sus necesidades fisiológicas.

ORADOR: Político que dedica más de sesenta minutos a sus discursos electorales.

ORDEÑADOR: Computadora moderna que puede ser utilizada por una vaca lechera.

OREJUDO: Deporte de lucha derivado del judo en el que ganará aquel que consiga arrancar primero las orejas a su contrincante.

ORGASNO: Gustirrinín, excitación o placer que tienen los burros con las burras o viceversa.

ORILLA: Unidad de tiempo utilizada en las playas por los bañistas para referirse a unos sesenta minutillos.

ORINOCO: Importante río de América del sur que está muy contaminado porque la gente tiene la fea costumbre de vaciar en él los orinales cada mañana.

OROGRAFÍA: Parte de la geografía que se dedica exclusivamente al estudio de las montañas en las que nunca se ha encontrado oro.

OVIEJA: Hembra del carnero que ya tiene más de setenta años.

OVÍPARO: Obrero que está en el paro, porque en vez de ir a buscar trabajo se pasa los días enteros rascándose los huevos.

<u>OVISPA</u>: Insecto amarillo y negro, provisto de aguijón, que suele hacer sus nidos en el Vaticano.

<u>OVNIVORO</u>: Animal que se alimenta de marcianos o de seres de otros planetas no identificados.

PACHUCHO: Persona que en los banquetes y restaurantes se guarda la comida en el bolso con la excusa de que es para llevársela a su perro.

PACTO: Acuerdo de colaboración firmado entre varias especies de aves palmípedas. De todos los pactos, el más popular ha sido siempre el Pacto Donald.

PADRASTRO: Casado en segundas nupcias que, tras adoptar los ocho hijos de su nueva esposa, no puede alimentarse más que de los pellejos que le crecen alrededor de las uñas.

PAISES BAJOS: País centro europeo donde sus habitantes son bastante altos.

PAJAJERO: Viajero que tiene el vicio de masturbarse en los retretes de los trenes, aviones o autobuses de largo recorrido.

PALADEAR: Saborear un buen descanso después de haber estado trabajando todo el día con una pala.

PALENCIA: Ciudad española muy conocida por su famoso plato de 'Vaella palenciana'.

PALETOLOGÍA: Ciencia que estudia la aparición y el comportamiento de los primeros paletos en el planeta Tierra.

PANADERÍA: Sastrería especializada en la venta y confección de trajes de pana.

PANADURÍA: Despacho de pan donde solamente se puede comprar pan de la semana anterior.

PANCARTA: Cartel reivindicativo utilizado en las manifestaciones de horneros o de funcionarios de correos.

PANDILLA: Cochecillo de la casa SEAT utilizado para salir de juerga los fines de semana con los amigotes.

PANFLETO: Folleto informativo que solamente se distribuye en hornos y panaderías de barrio.

PAÑAL: Especie de arma blanca, corta y afilada, que se utiliza para abrir los paquetes de "dodotis", de "pampers", etc.

PAÑO: Tela de baja calidad que resiste 365 días o 366, si el paño es bisiesto.

PAPARAZZIS: Fotógrafos de la prensa rosa o del corazón que, cuando se ponen muy impertinentes, se les conoce con el nombre de 'mamarrachis'.

PAPILLA: Según los historiadores del Vaticano, ha sido el alimento infantil por excelencia de todos los pontífices de Roma.

PARABÓLICA: Antena supuestamente inventada por uno de los doce apóstoles para retransmitir al mundo las parábolas y sermones del Maestro.

PARADOR NACIONAL: Título que se concede cada año al portero de fútbol que haya realizado las mejores paradas durante el campeonato de liga.

PARAGUAS PEGABLE: Paraguas que cabe en el bolso y que se utiliza en defensa propia para espantar cacos, rateros y moscones.

PARIDOR NACIONAL: Servicio de maternidad de la Seguridad Social. Funciona en régimen de pensión completa y admite niños en todas las épocas del año.

PARIR: Tras muchas averiguaciones parece ser que los niños vienen realmente de 'parir' y no de París, como hasta ahora nos han venido diciendo.

PARLAMIENTO: Lugar donde se reúnen a contar mentiras los representantes políticos elegidos democráticamente por el pueblo.

PARODIAR: Consiste en odiar cada día más el hecho de tener que presentarse a las oficinas del INEM en busca de empleo.

PARÓMETRO: Aparato que sirve para medir las colas de gente que se forman cada día delante de las oficinas del paro.

PARTERA: Fiera salvaje parecida al leopardo que está a punto de parir algún cachorro. Las más populares de todos los tiempos fueron la 'Partera negra' y la 'Partera rosa'.

PARTIDO: Dícese de algo que está roto. Un buen ejemplo de ello es un partido político.

PATAGONIA: Región de América del sur que debe su nombre al hecho de que sus primeros pobladores tuvieron que atravesarla a pata de arriba abajo.

PATOLOGÍA: Parte de la medicina moderna que estudia la anatomía y enfermedades del pato.

PATRIMONIO: Vínculo conyugal entre un hombre y una mujer que tienen ambos grandes fortunas.

PEAJE: Zona de las autopistas en la que muchos automovilistas, después de pagar, se bajan del coche a estirar las piernas y peerse al aire libre.

PECADOR: Que practica el deporte de la peca y que blasfema cada vez que un pez se le come el gusano de la caña de pecar.

PECATA MINUTA: Término utilizado por la iglesia para definir la cantidad de pecados o blasfemias por minuto que dicen algunas personas.

PECERA: Tienda de informática especializada en la venta y reparación de 'pecés'.

PECES: Animales marinos cubiertos de escamas que tienen varios gigas de memoria RAM y grandes conocimientos de informática.

PEDICURO: Médico especialista en problemas de aerofagia.

PEDONAR: Disculpar al niño cuando en presencia de alguien se le escapan unos petorretes.

PEDUSCO: Ventosidad potente capaz de partir una piedra en varios pedazos.

PELADILLA: Ladilla del tamaño de una almendra, que vive particularmente en el pubis de ciertas personas y que es capaz de dejarle dicha zona completamente pelada.

PELEÓN: Individuo pendenciero y camorrista que suele emborracharse con vino muy barato.

PELICULÓN: Tipo de película en el que todos sus protagonistas son luchadores de sumo.

PELOCIDAD: Rapidez con la que ciertas personas empiezan a perder su magnífica cabellera.

PELOPONESO: Salón griego de peluquería donde aconsejan a sus clientes sobre el tipo de peluca que necesitan.

PELOTA: Juguete que nunca nos ha gustado que nos toquen. Por ello es frecuente oír: *¡No me toques las pelotas!*

PELOTERA: Bronca o discusión que tienen algunos padres con sus hijos para que se corten el pelo.

PELOTÓN: Ciclista que no puede participar en el Tour de Francia por culpa de una inflamación de testículos.

PELUSILLA: Asiento de peluquería.

PELVIS: Nombre de pila de un famoso cantante de rock cuyas canciones hicieron mover las caderas de medio mundo.

PENADERÍA: Horno de pueblo donde se reúnen cada mañana las vecinas para contarse sus penas.

PENE: Peine al que le falta una púa.

PENECILINA: Medicamento para combatir todo tipo de enfermedades venéreas.

PENELTI: Lanzamiento a portería que ha sido parado por el guardameta con la parte baja de su barriga.

PENETENCIARÍA: Cárcel a donde van a parar los detenidos por delitos sexuales.

PEÓN: Albañil flatulento que trabaja de aprendiz en la industria de la construcción.

PEONZA: Persona que cada vez que se pee consigue que su cuerpo dé varias vueltas sobre sí mismo.

PERIQUITO: Es lo contrario de peripongo.

PERISINO: Natural de la capital francesa al que le encanta las peras.

PERRA: Parra los alemanes es el frrruuuto del perral. Es decir, una pera en castellano.

PERRÍCOLA: Para un marciano no es más que un chucho que habita en la tierra.

PERRITONITIS: Bocado de un perro rabioso recibido a la altura de la ingle.

PERRORISTA: Individuo que comete atentados con perros bomba.

PESADILLA: Sueño desagradable en el que uno se siente acosado o perseguido toda la noche por una señora fea y muy gorda, muy gorda.

PÉSAME: Título de una canción dedicada a las personas con graves problemas de peso y que decía así: *"Pésame…, pésame mucho…, como si fuera esta noche la última veeeez…"*

PESTEJAR: Tener relaciones sentimentales con una persona que huele muy mal.

PEZÓN: Pez del tamaño de una teta.

PICASSO: Herramienta abstracta que sirve para cavar y que debería de estar expuesta en un museo de arte moderno.

PICOTA: Especie de patíbulo en el que los condenados a muerte eran atiborrados de cerezas hasta morir.

PIENISTA: Músico habilidoso que prefiere tocar el piano con los pies.

PIENSO: Comida con la que el filósofo Descartes alimentó durante años a sus animales y que le sirvió de inspiración para su célebre frase: *"Pienso, luego existo".*

PILILICULA: Filme en el que sus actores salen siempre completamente desnudos.

PILOTO: Comandante de aviación obsesionado en llegar a ser el único acertante del primer premio de la lotería primitiva.

PINO: Bebida alcohólica con gusto a resina que se obtiene prensando la corteza de las coníferas.

PIÑÓN: Fruto comestible procedente de unos árboles Gibraltareños. El fruto es conocido como Piñón de Gibraltar.

PIOGRAFÍA: Historia relativa a la vida de un pollo.

PIOJO: Insecto de aspecto muy desagradable que según algunos científicos tiene 3,1416 ojos.

PIPINILLO: Variedad de pepino al que se le reconoce grandes propiedades diuréticas.

PIROPEO: Nombre con el que se conoce a la persona que se tira un 'peo' y después se pira.

PIRRATA: Roedor de gran tamaño que lleva un parche en un ojo y una pata de palo.

PISCIFACTORÍA: Fábrica cuyo propietario solamente contrata personas cuyo signo del zodíaco sea Piscis.

PISCINA: Lugar para tomar el baño pero que algunos gorrinos aprovechan para hacer pis.

PISCÍPULO: Alumno que, durante la hora de clase, solicita varias veces permiso para ir al retrete.

PISONERO: Nombre que recibe la persona que, sin estar detenida, no sale para nada, para nada, del piso.

PISTOLERO: Matón al que le encanta el pisto hecho a base de tomate, pimiento, cebolla, etc.

PITÓN: Árbitro de fútbol que hace un uso abusivo del silbato durante los encuentros.

PLANTILLA: Nombre utilizado para referirse al personal que trabaja en una fábrica de zapatos.

POLICABRONATO: Agente del orden que se pasa el día poniendo multas a diestro y siniestro.

POLONIA: Perfume muy fresco fabricado en uno de los Países del Este.

POLVO: Marca de coche, de fabricación Sueca, recomendado siempre por su confort y seguridad para las parejas de novios.

POLVORÓN: Mantecado de Astorga que puede aumentar considerablemente el apetito sexual entre las parejas.

PORRAZO: Cigarrillo de hachís de gran tamaño cuyo consumo provoca caídas y batacazos a sus fumadores.

PORRÓN: Parte del estribillo de una canción de Manolo Escobar dedicada al botijo: *"...Porrón pón pón, porrón pón porrón pompero, porrón...".*

POSTE: Futa, pátano, mazana, etc.

POTRAGONISTA: Personaje principal de una película de caballos.

PRAGA: Capital de la República Checa donde se desarrolló la mayor industria textil especializada en ropa interior femenina.

PRELADO: Obispo que, por culpa de la mitra, ha ido perdiendo el pelo poco a poco hasta quedarse completamente calvo.

PREMIO LITERARIO: Recompensa que tienen que dar los padres a sus hijos para que cada día dejen hecha la litera.

PRESERVATIMO: Profiláctico que se rompe con mucha facilidad.

PRESIDIENTE: Cargo que ostenta con honor el máximo representante del Colegio de Oficial de dentistas.

PRESINDIENTE: Dícese del que preside algo estando completamente mellado.

PRESIÓN FISCAL: Impulso o deseo de agarrar del cuello a un inspector de Hacienda.

PRESOPUESTO: Cálculo anticipado de ingresos y gastos de un establecimiento penitenciario.

PRIMATE: Hija de un hermano de tu padre o de tu madre que se maquilla durante horas para estar mucho más mona.

PRISIÓN: Entre las más conocidas de todos los españoles citaremos: la prisión arterial y la prisión atmosférica.

PRISMA: Hisja del hermasno de tu pasdre o de tu masdre.

PROPINAR: Vicio que tienen algunos camareros de pegar a los clientes que se levantan de la mesa sin haber dejado unas monedas de propina.

PROSTITUTA: Mujer de la vida que no está libre de polvo y paja.

PSIQUIATRIA: Difícil carrera universitaria de la que se dice que es para volverse loco.

PUBERTAD: Edad a partir de la cual muchos jovencitos y jovencitas comienzan a ir de PUB en PUB.

PÚBICO: Conjunto de espectadores que asisten a un striptease esperando ver lo que los artistas ocultan en la zona del pubis.

PUBIS: Pu, pu.

<u>PUENTECOSTÉS</u>: Fiesta religiosa en la que los españoles aprovechan del largo puente para salir unos días de excursión con la familia.

<u>PULPITACIONES</u>: Movimientos del corazón de un pulpo.

PUMA: Especie de boígafo que sirve pasquibí.

<u>PURIEMPLEO</u>: Situación laboral de alguien que trabaja en una fábrica de tabaco por la mañana y en un estanco por la tarde.

<u>PUTACA</u>: Sillón en el que se sientan las fulanas que se exhiben en los escaparates del barrio chino.

<u>PUTAJE</u>: Guiso preferido de las mujeres de vida alegre, sobre todo si lo preparan con chorizo.

PUTONISA: Señora que adivina el futuro de los prostíbulos.

QUESERA: Título de una canción dedicada al queso, cuyo estribillo dice algo así: *"Queseráa…, queseráa…, queseráaaaa…, queseráaa de mi vida queseráaaa…"*

QUINCALLA: Parte de un refrán popular español que dice así: *Quincalla, otorga.*

QUINTETO: Conjunto musical femenino formado por cinco muchachas de busto exuberante.

QUINTO: Antiguo recluta que, obsesionado por la cerveza, se alistó a la Legión para pasar toda su vida con un Tercio.

QUIRÓFALO: Zona del hospital reservada a las operaciones de fimosis, alargamientos del pene, etc.

QUISQUILLOSO: Que se ríe sin parar cuando le hacen quisquillas.

QUITO: Es la capital preferida de los ladrones, cacos o rateros ecuatorianos.

R

RACISMO: Discriminación practicada por algunos vendimiadores que se niegan a recoger de los viñedos los 'racismos' de uva negra.

RADIOACTIVIDAD: Actividad propia de una emisora de radio cada vez que tiene que informar de algún accidente ocurrido en una central nuclear.

RAJATABLA: Karateka especialista en romper con el puño y de un solo golpe, varias maderas al mismo tiempo.

RAMERA: Mujer de dudosa reputación que comercia con su cuerpo por encima de los árboles.

RAMSÉS: Ram para los amigos, fue un faraón egipcio aficionado a la informática; su excelente memoria dio nombre a lo que hoy se conoce como memoria RAM.

RANACERONTE: Engendro de batracio nacido de una relación amorosa entre una rana y un rinoceronte.

RAPAPOLVO: Bronca recibida por una muchacha de buena familia por haber tenido relaciones sexuales con un cabeza rapada.

RAPAZ: Niño gallego con uñas grandes, fuertes y afiladas, especialista en la caza del conejo.

RAPE: Tipo de pescado cuyo consumo provoca una inmediata e irreparable caída del cabello.

RAPSODIA: Nombre con el que se conoce el nuevo estilo musical interpretado por los cantantes de RAP.

RAQUITISMO: Accidente que suele ocurrir en los torneos de tenis cuando al campeón se le escapa la raqueta y alcanza de lleno los dientes de algún espectador.

RATERO: Ladronzuelo que, tras gritar en el metro: *¡una rata, una rata!*, se adueña de todos los bolsos abandonados por aquellos viajeros que echan a correr aterrorizados.

RATISIDA: Síndrome de Inmunodeficiencia adquirida que se transmite entre los roedores.

RATONERA: Parte de la era prehistórica que nos recuerda el momento en que la mujer de Cromagnon descubrió en su cueva los primeros roedores.

RAVIOLI: Enfermedad que se puede transmitir al hombre por la mordedura de un perro italiano sin vacunar.

RECITAL: Decil algo de memolia.

RECOMIERDACIÓN: Recomendación que no sirve para nada.

RECORRIDO: Nombre con el que se denomina a un amante, que está sexualmente agotado, tras haber tenido varios orgasmos seguidos con su pareja.

REDONDILLA: Maestra entradita en carnes que es la responsable de enseñar a sus alumnos todos los secretos de una buena caligrafía.

REFAJAS: Hay de muchas clases, de verano y de invierno, pero las preferidas de las mujeres españolas, son las refajas de El Corte Inglés.

REFRIEGA: Escaramuza cotidiana que se produce en casa, entre los miembros de la familia, a la hora de fregar los platos.

REGATEO: Partido de fútbol jugado entre los bebés de una guardería infantil.

RÉGIMEN FISCAL: Consiste en dejar de comer para poder pagar los impuestos a Hacienda.

REGIMIENTO: Persona que suele mentir cuando dice que está siguiendo un régimen.

REJONEAR: Técnica taurina que consiste en lidiar al toro subido encima de una reja.

RELACIONES DIPLOMÁTICAS: Se dice que se tienen relaciones diplomáticas cuando se es el amante de la mujer del cónsul o del embajador de un país.

RELINCHAR: Matar varias veces seguidas a la misma persona.

REMERA: Fulane, prostitute, pelandusque.

REMERO: Al que le gustan las mujeres que se llaman Reme.

REMOLÓN: Listillo que en una embarcación hace como que rema, pero no rema.

RENAL: Término que es utilizado para referirse a los terribles dolores que sufren los lapones tras el mordisco de un reno.

REPARO: Argucia inventada por algunas personas que les permite cobrar dos veces el subsidio de desempleo.

REPIPIS: Personas finolis de la alta sociedad que tienen la costumbre de ir a orinar siempre de dos en dos.

REPOLLO: Ave de corral con dos cabezas, cuatro ojos, cuatro patas y dos picos.

REQUETÉS: Los que tienen la costumbre de exagerar las cosas a base de calificativos como: requete…guapo, requeté…feo, requeté…vivo, o requeté…muerto, etc.

RESONAR: Limpiarse los mocos estrepitosamente varias veces seguidas.

RETOÑO: Nombre que identifica a los bebés nacidos en el período comprendido entre la estación de verano y la estación de invierno.

RETRACTO: Foctografía de una persona, hecha por un foctógrafo.

RETUMBAR: Bar situado en la planta baja de un edificio cuya música estridente molesta a todo el vecindario.

RIADA: Hartarse de risa al ver cómo al vecino de la planta baja se le inunda la casa de agua.

RING: Tono o melodía de teléfono móvil que suele ser la preferida de los boxeadores profesionales.

RISCO: Que tiesne o gasna muscho disnero.

ROBLE: Árbol aristocrático poseedor de algún 'título robiliario'.

<u>**ROMATISMO**</u>: Enfermedad de tipo reumático que padecen los italianos.

ROMPECABEZAS: Garrote.

RUPIA: Mujer morena, de origen indio, que se tinta el pelo a lo Marilyn Monroe.

S

SABAÑONES: Picores de manos y orejas de los que sufrió durante toda su vida la reina de Saba.

SABOYA: Región de Francia de donde se supone que es originaria la tortilla francesa y la tortilla de saboya.

SALMONELOSIS: Curiosa enfermedad en la que los afectados no cesan de interpretar cánticos religiosos desde que entran hasta que salen del hospital.

SALPICÓN: Gamberro que se divierte pasando a gran velocidad con su coche por los charcos que se forman los días de lluvia junto a las paradas de autobús.

SANATORIO: Santo muy milagroso al que muchos devotos le rezan antes de ingresar en el hospital. Los dos más solicitados son, Sanatorio Abad y Sanatorio de Padua.

SANITARIOS: Son empleados de hospitales que tienen la responsabilidad de que los lavabos, retretes, bañeras y duchas estén en perfecto estado de revista.

SATÉN: Utensilio de cocina que utilizamos en España para hacer la totilla.

SECTA: Champiñón venenoso que cultivan ciertas asociaciones de apariencia religiosa.

SEDACIÓN: Intento de tranquilizar a una señora a la que le acabas de quemar con un cigarro su vestido de seda.

SEDES: Lugar donde se reúnen los miembros de los partidos políticos cuando tienen sed de dinero, sed de fama, sed de poder o sed de otras cosas.

SEMANARIO: Colegio de curas cuyos aspirantes al sacerdocio abandonan los estudios al cabo de siete días.

SEMENSTRAL: Donante de esperma al que solo le queda semen para seis meses.

SEMENTERIOS: Nombre con el que se conoce a los Bancos de semen.

SENILIDAD: Operación de cirugía estética femenina que consiste en remodelarse los senos antes de llegar a ser demasiado vieja.

SEPULTORERO: Persona que solamente da sepultura a las figuras del toreo.

SERENATA: Es lo que le canta una leche a otra leche.

SESUDA: Es lo que ocurre en verano cuando hace mucho calor.

SET: Necesidad de beber que tienen los tenistas.

SEXTETO: Conjunto musical formado por tres explosivas mujeres muy escotadas.

SIBERIA: Compañía de Líneas Aéreas que asegura los vuelos entre España y Rusia.

SIEN: Sin duda alguna es el doble de sincuenta y la mitad de dosientos.

SIERRA: Tiempo del verbo 'serrar' que se utiliza en expresiones como: *"sierra la puerta que ase un frío de tres pares de cohones"*.

SIERVO: Esclavo de la familia de los rumiantes.

SIGLA: Nombre comercial abreviado que se conoce desde hace más de cien años.

SIMEÓN: Nombre que, junto al de Tolomeo, pigmeo, meandro, Orinoco, meollo, repipi, Chicago, etc., hace que te entren ganas de orinar.

SINCERO: Estudiante que no ha conocido nunca el suspenso.

SINE DIE: Que no tiene día fijo para ir al sine.

SINIESTRO: Diestro de aspecto muy macabro y tenebroso.

SINÓPTICO: Pueblo donde no existe ningún establecimiento en el que sus habitantes puedan comprarse unas gafas.

SOBRESALIENTE: Dícese del sobre que se asoma por la ranura de un buzón de correos cuando éste está excesivamente repleto de cartas.

SOCABRÓN: Agujero o bache que encontramos en la calzada y que invita a soltar palabrotas cuando lo atraviesas con el coche.

SÓCRATES: Filósofo griego que cuando le preguntaron sus alumnos, si prefería bañarse en la playa o en la piscina, les respondió con su célebre frase: *"Solo sé que no sé nadar"*.

SODA: Mujer que sufre graves problemas de audición por haber abusado de las bebidas carbónicas.

SOEZ: El Canal de Soez es el único que se atraviesa diciendo palabrotas y ordinarieces.

SOFOCANTE: Olor insoportable que se percibe cuando te cruzas con alguien al que le cantan los pies o los sobacos.

SOLISTA: Turista que llega a España con el único objetivo de pasarse los días tostándose al sol.

SONAR: Sofisticado aparato que sirve para detectar los marineros que están resfriados en el interior de un submarino.

SONDEOS: Extremidades alargadas y con uñas que nos crecen en las palmas de las manos y al final de la planta de los pies.

SOPETÓN: Sopa de fideos servida de repente, de improviso, sin esperarla.

SORBONA: Se trata de una persona mal educada que, a pesar de haber cursado estudios en la Universidad de París, se toma las sopas y los caldos haciendo mucho ruido con la boca.

SORDINA: Pescado azul que los médicos recomiendan para combatir los problemas de audición.

SORDOMIZAR: Agresión sexual que consiste en violar a alguien por la oreja.

SUCIEDAD: Conjunto de personas gorrinas que forman un pueblo o un país.

SUCINTO: Es lo que antiguamente se quitaban del pantalón muchos padres para amenazar con una buena zurra a sus hijos.

SUDISTA: Americano que sudó la gota gorda durante la guerra de Secesión de los Estados Unidos.

SUDOESTE: Individuo que transpira más por la parte derecha que por la parte izquierda, según lo miramos de frente.

SUELA: Es la única parte comestible de los zapatos. Yo no las he probado nunca, pero muchas veces he oído decir: *"...caminando, me he comido las suelas de los zapatos..."*. ¿Estarán buenas?

SUMO SACERDOTE: Cura de unos 140 kilos de peso al que le encanta practicar con los fieles de su parroquia la lucha japonesa.

SUPERHOMBRE: Marido resignado y obediente cuya mujer le manda constantemente al súper para hacer las compras.

SUPERSÓNICO: Supermercado en el que sus clientes hacen la compra conduciendo los carritos por los pasillos a gran velocidad.

SUPOSITORO: Medicamento en forma de proyectil utilizado para combatir la enfermedad de las vacas locas.

SUSPENSE: Miedo, angustia o terror que tienen los estudiantes a la reacción de los padres en el momento de comunicarles los fatales resultados del curso escolar.

SUSPENSIÓN TRASERA: Decisión de algunos profesores que consiste en no aprobar a los alumnos que se sientan siempre en los pupitres del fondo de la clase.

TABASCO: Cigarrillos, con la boquilla impregnada de pimienta picante, que son ideales para quienes desean dejar de fumar inmediatamente.

TABERNÍCOLA: Individuo que tiene aspecto de troglodita y que frecuenta las tabernas.

TACAÑERÍA: Conducto de agua que cuando se revienta nos parece cara la reparación. *"Za reventao tacañería y zeguro qu'er fontanero me va pedí un ojo lacara por reparála..."*

TACÓMETRO: Aparato instalado en vehículos a motor que sirve para medir la cantidad de tacos por minuto que sueltan las personas cuando conducen.

TACONEO: Batalla dialéctica entre dos personas que cuando discuten no cesan de soltar tacos o de insultarse mutuamente.

TACOÑO: Persona agarrada que no se gastan un duro ni en su novia, ni en su mujer.

TAJANTES: Nombre que reciben los que se comen las 'tajás' de melón o de sandía antes que nadie.

TALCO: Persona que al parecer debía hacer muy bien el amor. Yo, por lo menos, siempre he oído contar maravillas de los polvos de Talco.

TALONAZO: Cheque emitido a favor de un futbolista por haber metido un gol con la parte trasera del pie.

TAMBALEAR: Falta de equilibrio que sufren los que suben en barco para ir a Mallorca, Menorca, Ibiza, Formentera o Cabrera.

TANGA: Prenda de baño pequeña que pusieron de moda los primeros turistas que regresaron de un safari por la antigua República de Tanganica.

TANGANAZO: Pegar a alguien con un taparrabos.

TANGUISTA: Cantante argentino que siempre canta y baila la música de Carlos Gardel, en tanga o muy ligerito de ropa.

TANZANIA: País africano donde se supone que nació y se crió el mítico Tanzán de los monos.

TARRO: Recipiente de vidrio que le robaron a Manolo Escobar mientras estaba de romería: *"Mi tarro…, me lo robaron…, estando de romería…, dónde estará mi tarro…"*

TASA: Piesa de la vajilla que se utilisa pa tomá er café o er café con leshe.

TAUROMAGIA: Técnica taurina que consiste en hacer desaparecer el toro de la plaza al primer capotazo.

TAXICÓMANO: Taxista que se cabrea cuando los viajeros comen en su coche durante el trayecto.

TAXIDERMISTA: Taxista que diseca a todos sus pasajeros, como recuerdo del trayecto realizado juntos.

TAXÍMETRO: Modalidad de transporte que permite a los taxis circular por encima de las vías del metro para descongestionar el tráfico de las grandes ciudades.

TECLEO: Tengo mucha confianza en ti polque siemple me dices la veldad.

TELECOMUNICACIÓN: Conversación molesta que se origina en el seno de una familia cuando se sientan todos a ver la tele.

<u>TELELEVIDENTE</u>: Dícese del individuo al que le da un patatús mientras está haciendo zapping.

TELEMANDO: Término utilizado para indicarle a alguien que le vas a mandar algo. Ej.: *¿Cuándo me vas a mandar el televisor?*, se puede contestar: *"...ahora mismo telemando..."*.

TELEOBJETIVO: Obsesión por llegar a su casa para sentarse en el sofá a ver la tele.

TELESFORO: Santo al que se encomiendan los teleadictos para pedir que se retransmita algún partido, alguna corrida de toros o la boda de algún famoso.

TELESILLA: Como su mismo nombre indica, se trata de nuestro asiento preferido para ver lo que nos echan cada día por la pequeña pantalla.

TELESQUÍ: Deporte de nieve, de mucho riesgo, que consiste en esquiar viendo la tele al mismo tiempo.

TELETIPO: Presentador de televisión, atractivo, alto, rubio, guapo y con ojos azules.

TÉLEX: Televisor que solamente se enchufa para ver películas X.

TEN: Máquina de fedocadil de DENFE.

TENDERETE: Hijo pequeño de un tendero.

TENDINITIS: Inflamación de los brazos que sufren las madres de familia numerosa después de pasar varias horas al día tendiendo ropa.

TENTETIESO: Médico, especialista en sexología, que resuelve con éxito todos aquellos casos de impotencia masculina que se le presentan.

TERCIOPELADO: Individuo que ha perdido el 33% del cuero cabelludo.

TESTÍGULO: Testigo con un par de cojones.

TETABRIK: Envase de cartón que se utiliza para envasar leche materna.

TETAMENTO: Últimas voluntades de la actriz de cine y televisión, Pamela Anderson.

TÉTANO: Negarse a estar en topless en la playa.

TETARUDA: Señora que se niega rotundamente a vacunarse contra el tétano.

TETUAJE: Dibujo que algunas personas se hacen grabar a la altura del pecho.

TETULIA: Típica reunión de amiguetes en la que no se habla más que de mujeres.

TIBIA: Hueso largo de la pierna que no está ni frio, ni caliente.

TIBURRÓN: Escualo gigante con cara de asno.

TIC: Gesto o movimiento repetitivo que se realiza al ritmo del minutero del reloj..., *tic, tac, tic, tac...*

TIESORERIA: Falta de liquidez que tienen los ayuntamientos.

TIESTÍCULOS: Es el nombre que reciben los testículos después de recibir una patada en los mismos.

TINTORERÍA: Bar o taberna de pueblo donde sus parroquianos se suelen reunir para tomarse unos tintos.

TINTORERO: Matador de toros que es incapaz de ponerse delante del bicho a no ser que lleve en el cuerpo un par de botellas de vino tinto.

TINTURA: Parte del cuerpo que se encuentra a la altura del ombligo y por donde pasa el tinturón.

TIOVIVO: Atracción de caballitos heredada del hermano de tu padre recientemente fallecido.

TOCOMOCHO: Timo que consiste en tener que pasar la fregona por toda la casa a pesar de que te prometieron, antes de casarte, una criada y una señora de la limpieza.

TOGO: Voz utilizada por los turistas franceses cuando van a ver una buena corrida de feria: *¡Togo..., eeeeh togo...!*

TOLOMEO: Nombre de animal doméstico que se pasea por la casa haciendo pipí donde le parece.

TONGO: Baile de origen argentino que popularizó Carlos Gardel, con una canción que decía así: *"Tongo, tongo, tongo, tú no tienes nada, tongo tres ovejas en una cabaña, una me da leche..."*

TOPOGRAFÍA: Técnica fotográfica que consiste en hacer galerías subterráneas en el jardín para fotografiar de cerca los topos.

TOQUIMECANÓGRAFA: Nombre que reciben las secretarias de dirección que se dejan tocar por el jefe.

TORDO: Ave con problemas de audición.

TOROMENTA: Chaparrón con rayos y truenos que cae a las cinco de la tarde nada más empezar la corrida de toros.

TORONEL: Militar de alta graduación al que su mujer le pone constantemente los cuernos.

TOROTERRENO: Cuadrúpedo astado que, cuando sale del chiquero a la plaza, parece que tenga tracción en las cuatro patas.

TORPEDO: Ventosidad expelida dentro de un submarino nuclear.

TRABUCO: Arma de fuego utilizada por primera vez en la guerra de Babilonia y de la que se dice que fue inventada por Trabucodonosor.

TRAVIESA: Niña revoltosa que se pasa el día jugando por encima de los maderos donde se sujetan las vías del ferrocarril.

TRESNOCHADOR: Título que recibe la persona que cada vez que sale de juerga se pasa por lo menos tres días sin aparecer por casa.

TRESTÍCULOS: Órganos genitales formados por un par de cojones más uno.

TRIBUS: Conjunto de personas que diariamente se ven en la necesidad de tener que tomar por lo menos tres autobuses para ir a trabajar.

TRIDENTE: Mellado al que solamente le quedan dos dientes en la parte de arriba y uno en la parte de abajo, o viceversa.

TRIDUO: Pareja formada por tres personas.

TRIGLICERDIDOS: Grasa que se acumula en el cuerpo humano por comer carne de tres cerdos diferentes.

TRIGONOMETRÍA: Parte de las matemáticas que se dedica al estudio del cultivo de cereales y de su rentabilidad en el mercado.

TRÍPODE: Arbusto que solamente puede podarse tres veces.

TROGORDITA: Mujer entradita en carnes que vivió en la época de las cavernas.

TROLA: Ola marina de gran tamaño que puede alcanzar tres o cuatro mil metros de altura.

TROTAGONISTA: Actor cinematográfico que se pasa la película persiguiendo a alguien montado a caballo.

TROTAR: Palabra que, pronunciada con buen acento francés, significaría en la lengua de Molière: 'demasiado tarde'. Prueben y verán.

TUBERCULOSIS: Enfermedad que sufren los cultivadores de patatas, nabos, remolachas, etc.

TUERTÍCULIS: Dolor o molestia que se produce en el cuello y en el ojo al mismo tiempo.

TUERTO: Persona a la que le falta un ojo. Entre los tuertos más conocidos podemos citar al 'tuerto de los olivos' y 'la tuerta de Alcalá'.

TUNO: Portero de discoteca que impide el paso a aquellas personas que no sean de su agrado, utilizando la formula de: *"...tú sí..., tuno, tú sí..., tuno..."*

TUTEAR: Pasarse las horas muertas con los amigotes de trabajo jugando al tute.

U

ULTRAJE: Vestimenta de aspecto agresivo que utilizan los ultras y los cabezas rapadas para cometer sus fechorías.

ULTRALIGERO: Extremista, tanto de derechas como de izquierdas, que consigue escapar por piernas de la policía tras participar en una manifestación violenta.

ULTRATUMBA: Nicho, sepulcro o panteón donde se entierran los activistas pertenecientes a algún grupo paramilitar violento.

UNIÓN SOVIÉTICA: Boda o casamiento entre un ruso y una rusa.

UÑADA: Arañazo o rasguño producido durante una discusión con la mujer de tu hermano.

UVI: Fruto de la vid en mal estado que necesita atención permanente.

VACANTE: Puesto de trabajo en el que se busca a alguien que tenga gran experiencia en vacas.

VACUNA: Cuna de grandes dimensiones utilizada por los granjeros para mecer y dormir a las vacas recién nacidas después de haberles dado de mamar.

VAGÓN: Vago en grado superlativo.

VALANCIANO: Persona de avanzada edad nacida en la Capital del Turia.

VALÓN: Pelota de fútbol fabricada en la zona francófona de Bélgica.

VARICELA: Enfermedad contagiosa que se caracteriza por una repentina inflamación de varices.

VASCULAR: Relativo a una enfermedad que suele aparecer a partir del momento en que se tienen problemas para subir o bajar de la báscula.

VASOS SANGUÍNEOS: Son los que utilizaba el conde Drácula para beber la sangre de sus víctimas.

VELÓDROMO: Parte del pueblo, próximo a las iglesias, donde antiguamente corrían las beatas, con el misal en la mano y con el velo puesto.

VENDIMEAR: Pausa que hacen los vendimiadores para ir a orinar.

VERBENA: Visita previa de un paciente a un cirujano antes de someterse a una operación de varices.

VÍA LÁCTEA: Es el tramo de vía, que por estar en malas condiciones, puede provocar que dos trenes se peguen una leche y que sus pasajeros vean las estrellas sin desearlo.

VÍA URINARIA: Tramo de la vía de ferrocarril adonde va a parar el pipí de los que orinan en el retrete con el tren en marcha.

VIENAMITA: Gentilicio con el que se conoce a los ciudadanos de origen vietnamita nacidos en la capital de Austria.

VITOLA: Arma utilizada por algunos malhechores para atracar y robar puros en los estancos.

VIVÍPARO: Nombre que reciben las pocas personas que son capaces de vivir decentemente con lo que cobran del paro.

VOCABURRARIO: Conjunto de vocablos definidos en este libro con el fin de entretener al lector.

VOCALISTA: Cantante gangoso que interpreta sus canciones sin pronunciar para nada las consonantes.

VODKA: Palabra utilizada en un refrán ruso que dice: *"El que tiene vodka se equivodka"*.

VUELO REGULAR: Es como suele clasificarse el viaje en avión en el que has tenido que soportar algún pelma durante todo el trayecto.

VULGAR: Nombre que recibe uno de los cinco dedos de la mano, por ser el que se utiliza para hurgarse las narices, las orejas u otras muchas partes del cuerpo.

WATERGATE: Escándalo americano de la época de Nixon en la que se espiaban a todos los políticos desde el momento en que atravesaban las puertas del retrete de la Casa Blanca.

WATERPOLO: Marranada que consiste en entrar a un retrete comiéndose un helado.

YAKARTA: Grito de euforia emitido por alguien que, tras varios meses esperando correo de Indonesia, ve por fin que se acerca el cartero: *¡Yakarta…, Yakarta…!*

YODURO: Compuesto químico resultante de la mezcla de varias partes de yodo con una antigua moneda de cinco pesetas.

YUPPIE: Grito de alegría lanzado por jóvenes universitarios que debutan con éxito en el mundo de los negocios.

Z

ZAIRE: Viento muy caliente proveniente del antiguo Congo belga.

ZAMBOMBA: Artefacto explosivo que ha sido minuciosamente programado para que explote en Navidad.

ZAPATISTA: Guerrillero mejicano que se opone y se rebela contra la subida del precio del calzado.

ZAPEO: Ventosidad expelida en casa, delante del televisor, mientras cambias constantemente de canal con el mando a distancia.

ZAPUTERÍA: Establecimiento donde venden zaputillas.

ZAPUTILLA: Pantufla cómoda que suelen utilizar las prostitutas para andar por casa.

ZARGENTO: Suboficial del ejército ruso.

ZARPAZO: Manotazo pegado por un emperador ruso.

ZETA: Es la última variedad de champiñón que crece en Andalucía.

ZIPIZAPPING: Follón que se organiza en casa cuando alguien pretende cambiar el canal de la tele mientras retransmiten un partido de fútbol.

ZOOLÓGICO: Parque de animales que está muy bien organizado, porque ponen los leones, con los leones, los elefantes, con los elefantes, los loritos, con los loritos, etc. De lo contrario, se llamaría zooilógico.

ZOOM: Sonido producido por los abejorros cuando nos cruzamos con ellos a gran velocidad.

ZOZOBRAR: En términos marinos, significa tirar a alguien por la borda por considerar que hay demasiada gente en el barco. *¡…éste zobra…!*

ZURRÓN: Cazador de carácter violento que le da por pegar o zurrar a la gente cuando regresa a casa sin haber cazado nada.

ZACABAO: Fin del Vocaburrario de la Irreal Academia.